Scott Galloway
史考特・蓋洛威

葉中仁 譯

疫後大未來

誰是大贏家？

全球五十大最佳商學院教授蓋洛威

剖析全新商業環境下的挑戰及商機

Post Corona

From Crisis to Opportunity

推薦序

在後疫時代走向美好的共富社會

Jenny（「JC財經觀點」創辦人）

二〇二〇年的新冠肺炎引爆經濟危機，也改變全世界人類原本習以為常的生活模式。過去很少有人願意足不出戶這麼長的時間，但封城期間被迫在家，多了與自己和家人共處時間，也必須思考該如何安排每日的規畫，才能兼顧生活與工作之間的平衡。

對於企業來說，過去員工每天到固定場所打卡、上班是再正常不過的事情，現在卻因為疫情影響而改變，藉由雲端服務提供遠距工作和遠距會議來支持跨時區與地域的溝通合作，甚至有許多公司表示在疫情後仍會維持現狀，形成新常態。

除此之外，投資市場的改變也異常巨大。恐懼徹底蔓延至全球股市，讓投資人以為將重現一九二九年經濟大蕭條的景況。只是這樣的現象並沒有延續太久，美國股市在二〇二〇年三月二十三日創下低點後，聯準會無限量化寬鬆與龐大的激勵措施挹注，在經濟快速復甦的預期下開啟了V型反轉行情，到二〇二〇年底三大指數再度創下歷史新高。

這一切發生得既突然又急促，讓許多人來不及反應，試思考若疫情這個意外將帶領我們走向另一條發展道路，我們又該用什麼樣的態度向前邁進？這也是我認為《疫後大未來》這本書最值得一讀的原因，史考特・蓋洛威教授完整描繪了現在與未來的可能情境，幫助讀者掌握趨勢，迎接新局！

《疫後大未來》是蓋洛威教授第一本書《四騎士主宰的未來》的延伸版本，前作提到臉書（Facebook）、亞馬遜（Amazon）、蘋果（Apple）與Google的母公司Alphabet，四家公司的總市值高達七兆美元，在標普五百指數（S&P 500）中占有16%的權重，對於整體經濟的影響不容小覷。蓋洛威教授對此提出質疑，認為這四家公司的威脅不僅於此，當我們過度依賴它們提供的產品與服務時，甚至可以進階控制你的心理，激發渴望，以便可以讓你做出更多意料之外的行動，鞏固競爭優勢。這個過程彷彿讓商業環境回到了過去的標準石油壟斷時期，掌握優勢的企業營運重點不在創新而在自身盈利，壟斷的結果會拖累整體經濟發展。

只是，討論分拆科技巨頭的提議總是不了了之，科技巨頭掌握的龐大資本與遊說能力讓它們仍占據優勢。直到疫情爆發，重塑產業生態。危機往往可以創造巨大的機會，帶動新興產業崛起，從利基市場切入成為市場焦點，這些破壞性創新者的群起挑戰是否動搖了四巨頭的領導地位？答案是沒有，四巨頭在疫情期間股價表現更勝以往，後疫時代只會讓大者更大，強者更強。

想要在狹縫中嶄露頭角，企業必須找到更符合現代的生存法則，成功可歸類為一個特定公式：喜歡等於熟悉加上意外。找到既有的市場，增添創新與科技的元素，讓消費者有更深的體驗而非認知，才有可能達到閃電擴張的效果。書中蓋洛威教授也分享了他認為未來最耀眼、最有可能達到兆元市值的獨角獸公司，包括共享住宿 Airbnb、新創保險公司 Lemonade 與居家健身器材新創公司 Peloton 都名列其中。

最後，則是蓋洛威教授對高等教育普及與革新的呼籲，透過科技力量與政府支持來提高學校的競爭力，提高所有參與者的素質是當前要務。我相信這也是拜登政府在上任後最重視的問題。對於教育和基礎建設的投資將是重塑美國最有利的工具，甚至預期在未來將調高富人階級的資本利得稅負，強調公平正義，盡可能縮小貧富之間的差距。

總結來說，這個過程絕對不容易，但與其讓資金輕鬆的流向少數贏家，更重要的是將資源做更高效的分配，才能讓後疫時代走向更美好的共富社會。對於一般人來說，除了在本書中獲得作者對趨勢的洞見，培養對商業的敏銳度外，還能藉此打造健全的資產配置計畫，為自己開創人生、事業與投資的再成長。

推薦序　破壞性創新的企業條件

施雅棠（「美股夢想家」創辦人）

二〇二〇年因為疫情的關係，全球實施封鎖措施，許多人被迫宅在家裡，居家辦公、遠距學習、網路購物等宅經濟趨勢全面爆發。

不過疫情並非改變原有趨勢，只是趨勢的加速器。未來會是科技主導的世界，亞馬遜、蘋果、臉書及Google等公司提供的產品或服務改變了全世界，讓人們的生活更加便利，公司也從中賺取龐大利潤，市值成長速度越來越快。以蘋果為例，蘋果以四十二年時間達到一兆美元市值，但僅僅二十星期就從一兆美元到兩兆美元。

其實蘋果的產品成本並不高，但卻賣得很貴，它成功引領消費者，相信蘋果是全球最潮的品牌，也讓蘋果產品有豐田汽車的高產量，賺的卻是法拉利的高利潤。不僅硬體賺大錢，蘋果還推出更多訂閱服務，像是Apple Pay、Apple Music、iCloud，Apple

News+、Apple TV+、Apple Arcad 等等。如今全球蘋果設備（iPhone、iPad、Mac 等）用戶超過十六億，訂閱服務用戶更超過六億，過去五年蘋果服務營收成長160%，平均每年成長21%。現在的蘋果越來越像一家軟體公司，隨蘋果推出越來越多訂閱服務，不僅賺取更穩定的訂閱收入，也讓蘋果獲利可以加速成長。蘋果也很成功的在消費者心中保持優異形象。臉書在許多人心目中就是販賣個資的公司，但蘋果在許多人心中卻是重視消費者隱私的公司、深受消費者熱愛的公司，賺錢當然也就容易很多。

所以想成為像蘋果這樣破壞性創新的公司應該有什麼條件？

這樣的公司會訴諸人性本能，它家的產品總會讓你覺得很潮很酷，再來就是可以跟消費者經營更長久的關係，不是只賺一次收入，而是賺取更多訂閱收入，可以給人好感的公司，往往可以賺到更多利潤。

史考特．蓋洛威在書中提出想成為破壞性創新公司的八個元素，並結合敏銳觀察力，提出獨到見解，介紹他追蹤關注的未來之星，像是 Airbnb、Uber、Spotify、特斯拉、TikTok 等，透過本書可以更加了解未來，掌握趨勢。

推薦序

疫後大加速

麥道森（「美股狙擊手」共同創辦人）

時間回到二〇二〇年二月。當時我們全家在過年期間都戴上了口罩，坐上前往台東的列車，當時六天的假期當中，在台東並無任何新冠肺炎的感受，但是假期即將結束時，聽到新聞提及台北的疫情管制開始趨於嚴格，坐上回程從台東到台北列車時，才又認真的戴上了口罩，那時就有種北部跟東部像是兩個不同世界的感覺，沒想到其實是全世界開始分裂，變成一個一個孤島。

在家工作、無法商務出差、透過 Zoom 開會（產生因過度使用視訊而出現的疲勞）都是這次疫情中新生活的常態，如同作者提到的，疫情並不是產生新的趨勢，而是加速這些趨勢的發展，科技改變了我們進行溝通的方式、頻率、消費方式，疫情更加讓這些原本新興崛起的現象成為趨勢，改變我們的生活。

遠距醫療也是疫情之前就存在的一大課題，但是在疫情期間，更讓這個課題以及發展被迫思考以及改變。我在美國的老闆，每兩個星期必須有護理師到家施打某種免疫療法，疫情期間，護理師表示除非你接受檢測為陰性，不然我不願意去你家。這個現象讓遠距醫療產生急迫性，而可能加速這個趨勢的發展。

另一個有趣的議題則是互聯網公司的流氓步數，如何能夠與其他相同業務的公司競爭，且成本快速減少，比如 Uber 的司機並非自有，即便收入減少，成本也能夠減少。而實體公司，包含計程車、飯店等，則是因為擁有這些實體資產，成本依舊存在。Airbnb 在疫情期間上市，在其上市說明書中也提到類似這樣的流氓步數競爭優勢。

美國在這樣的一段期間，產生的趨勢其實也帶來更多的問題，包含互聯網經濟帶來的零工經濟問題，美國政府該如何面對更強大的科技公司的能力、因此而衍生的社會問題（零工沒有福利保障、可能更長的變相工時）。作者洞悉了這些科技趨勢，但也可以看到其背後的大聲呼喊：這些趨勢可能惡化，也可以加以修正，端看我們希望它是什麼樣子！

推薦序

引導變革的，往往是另一場變革

黃瑞祥（「一個分析師的閱讀時間」版主）

經濟，是人類消費行為的總和。二〇一九年末開始、至今兩年仍未完全結束的Covid-19，這場巨大且歷時甚久的疫情在改變人類行為的同時，同時改變了經濟的運作模式。

這一年多來，隨著美股、台股迭創新高，身邊許多朋友問我：「這是不是一個超大的泡沫啊？」確實，除了台灣以外，全球主要經濟體都不好過，失業率飆高，消費下降，讓經濟成長率迅速轉衰。但如果仔細觀察這些股市中帶頭領漲的股票，你會發現，這些企業的營運非但沒有出現什麼問題，反而有轉強的趨勢。我們看到的是零售業的轉變，電商取代了傳統實體店鋪；我們看到的是內容業的轉變，串流影音取代了傳統電影院。

人類內在的需求沒有改變，只是外在的行為改變了。

這是人類與疾病抗爭的歷史中，最為獨特的一次情況。過去，大規模的疾病對人類經濟造成的破壞更加強烈——人生病就不能進辦公室上班，不能逛街買東西，促使經濟在供給面與需求面雙雙休克。但如今，不能進辦公不等於無法上班，運用 Face Time、Teams 等服務，讓在家工作成為可行且有效的替代方案；不能逛街也不等於無法買東西，Amazon、Momo 購物網等電商平台讓消費者能在家買齊所有日用品。

這樣的改變，會隨著這次疫情趨緩而結束嗎？本書作者史考特蓋洛威認為不僅不會，這只是加速了「原本就會發生」的變革，讓我們身在二〇二一年就提前看到二〇三〇年的經濟模式。

我認為這場疫情帶動的產業快速汰換，讓原本有些可能還可以靠時間慢慢轉型的產業與企業，直接走向消滅。多數組織的轉型都相當緩慢。一方面，消費者的行為不容易改變，組織缺乏外在動機，不改變也不會怎樣；另一方面，員工的行為不容易改變，組織必須額外增加管理成本，讓許多管理者望之而卻步。疫情同時增加了外在與內在的推力時，讓管理優秀的公司，直接把反應速度慢的老公司給一口氣淘汰掉。

疫情帶動的是泡沫嗎？就金融面來看，偏弱的經濟體質在史上最大的寬鬆政策推動下，衝出一波泡沫漲勢，這是可預期、甚至是各國央行期待的結果。但從本質看來，蓋洛威所說的經濟模式改變，卻又讓這次的泡沫有了可客觀衡量的基準。

對我們而言，最大的重點恐怕並非泡沫存在與否，而在於，疫情後的世界真的有變得更好嗎？蓋洛威的答案是悲觀的。他認為，疫後將是貧富差距更大、對資本主義和民主制度都有更劇烈挑戰的世界。

我很喜歡本書最後一章在探討社會、政府、教育等議題的觀點，蓋洛威雖然是美國人，舉例和分析大多源於美國經驗，但是他的洞見對其他國家的讀者也很有價值。這次Covid-19衝擊美國太大，說得誇張些，搞不好會成為中美政經徹底分道揚鑣、走向第二次冷戰的起點。

雖然始料未及，但歷史的每一次轉折，往往都來自這種「始料未及」。我們可以從本書中得到的最重要的啟示：引導變革的，往往是另一場變革。因此，做好準備吧，疫後的世界又將是新局。

推薦序

加入，或被淘汰！

凱若（作家／多元創業者）

二〇二〇年一月底為了回台投票，我從西班牙快閃回台了兩天。當時在歐洲聽說中國某處有個奇妙的病毒，回台灣看新聞才知道，武漢的狀況不是太好，但並沒有影響我返歐的旅程，世界一切如常。

回到西班牙，我立刻告訴先生我認為情況不妙，應該要開始做一些準備。他雖然覺得有點過於「危言聳聽」，卻也尊重我的決定，每次採買就額外儲備一些糧食和水，也買了一些口罩。當時購買這些物資一點困難度也沒有，因為歐洲並沒有人感覺這事會延燒到自己家門口。

到了三月初，西班牙也開始有了幾起病例，我告訴先生，或許是時候讓孩子不去上學了。某天早上，我敲了女兒的房門，說：「今天開始我們就待在家裡吧！」老師們認為我們反應過度，甚至學生之間開始謠傳女兒染疫。但一週後，這個過度緊張的家庭變成了超前部署的典範，西班牙全國進入緊急狀態，全面停班停課。

我們經歷過 Hard Lockdown 好長一段時間，期間除了採買生活用品與倒垃圾之外，完全沒有出門。一解禁，我們便立刻看房，從瓦倫西亞市中心的公寓搬到了現在郊區有院子的房子，因為我們知道，一切還沒停止。

我和先生從事進出口貿易，主要將西班牙頂級食材進口到台灣和亞洲。很幸運的，台灣在這波疫情之中防疫得當，我們很意外的，在某段時間裡成為西班牙廠商的客戶中唯一仍舊增加訂購量的貿易商！當初因為想維持生活彈性的遠端電商經營模式，也因為疫情而讓業績意外飆高。

過去十八年，我在家創業和工作，直到一年前都還是「特殊族群」，在這一年裡頭須WFH（work from home）卻變成許多人的生活常態。過去說自己是電腦白痴的那群老派職員（還有老闆），現在被迫每天要使用線上會議軟體，許多人這才發現家裡的網路是那麼龜速。全家若沒能一人一台桌機或平板，根本無法面對在家上課和工作的需求。全世界被迫學習快速進入全面化的網路時代。加入，或被淘汰！

習慣逛市場的主婦們開始網上購物，沒有人再逛百貨了，亞馬遜變成生活中的無可或缺。許多高級餐廳也彎下腰，開始加入外送行列。所有企業無一倖免的得重新檢視各自的「生存能力」，重新布局。許多產業進入了**大分散**的階段，重新分配與整合。前所未有的破壞，卻也帶來全面改革的可能性。

在這本《疫後大未來》中，作者在「四巨頭主宰的未來」中分析四大龍頭的脈絡，重新檢視這些公司在疫情期間的改變，以及疫情過後可能的發展。遠距醫療、遠距教學，這些原本緩慢前進的「未來」突然成為了「現在」，也因此帶動制度與觀念的改革。的確許多企業在這波疫情之中倒閉，但也更多公司抓緊了變化，跟上了需求，業績和市值屢創新高。「**即使在最疲弱的產業，還是有人可以挺過難關**」，作者這樣提醒著我們。身為創業者，我們一閃神可能就會落入輸家行列。在亂世之中，最愚蠢的就是抱怨而停止行動。步步為營，時時檢視自身企業是否健康獲利，成功存活的機率還是不小。

作者詳盡的資訊收集與分析讓我們知道，「危機就是轉機」這句話的確無誤，但「**需要的不只是修補調整，而是整個商業模式的重新思考**」。不能停止觀察，不能停止動腦，不能停止調整自己以跟上變化速度，因為「**最大的機會就藏在流行疫情讓變化加速的區**

域」。

寫下本文的這天，印度已連續三天超過三十萬的感染人口，重新延燒的新變種病毒再次席捲歐美，同時疫苗在各地成為重要的戰略物資。作者對於疫情過後的預測是否正確？我們可能還需要點時間才能證實，但，世界再也不同於 Covid-19 前的日子。改變，已然發生。

二〇二一年四月二十五日　寫於西班牙瓦倫西亞

各界推薦

目前改變人類的生活方式兩大因素同時出現，這是百年罕見的：一為世代交替，二為第四次工業革命。傳統的工商業勢必轉型或被淘汰，我們必須面對。

二戰後的嬰兒潮因為Covid-19而加速變化，千禧世代總人數已取而代之成為主流社會。5G的普及將奠定第四次工業革命成功的基石，各國政府為經濟都已竭盡全力。我們將面臨因改變而滅絕的痛苦，但對有準備的人卻是大好機會。

我認為劇變仍以半導體晶片和軟體為軸心，以下列舉九大方向值得關注：(1)5G；(2)物聯網（包括工業和商業）；(3)自動駕駛車；(4)AI；(5)千禧世代潮流；(6)新能源；(7)新副經濟（醫用大麻、比特幣、以太幣）；(8)精密醫學；(9)太空科技。掌握了改變的投資方向，可快速達到經濟獨立，我盼望人人都能擁有「為生活投資，為理想工作」的人生。這一本警世的書，絕對值得閱讀！

——吳曉明（紐約理工學院計算機科學已退休終身教授暨前系主任）

蓋洛威的洞察力令人欽佩，他所提出對於當今商業發展趨勢下所潛藏的危機，正中要害，針針見血，讀起來令人大呼過癮！

——愛瑞克（知識交流平台TMBA共同創辦人）

我們都迫切期待有腦筋、非川普式的內容，鮮少有人比史考特·蓋洛威更能滿足我們的渴盼。這傢伙不容錯過。

——威廉·科漢（William D. Cohan，美國商業作家）。引自〈全媒體的新王者〉，《Airmail》雜誌

我已經好久沒有過如此有趣的五分鐘。我想再多讀一些你寫的東西……它在諸多方面都令我茅塞頓開。

——安德森·庫柏（Anderson Cooper，CNN知名主播）。引自與蓋洛威討論高等教育未來的專訪

目次

導言

我們被教導說：時間是可靠、持續不斷的力量。太陽在天體中的運行以及繞日公轉構成永恆、一致的韻律。然而，我們對時間的感知並不是恆定的。隨著年紀增長，我們（過去）的參考架構延展，歲月的更迭反而加速。例如，我和第一天上幼兒園的兒子親吻道別是今天早上的事，下午回家時他已是小學五年級生；但對他而言正好相反。他的學校認為，五年級應該是孩子學習承受失敗的安全時點，但一旦他開始拿到C和D的成績，往往讓他感覺時間漫長。

我們所體驗到的是變化，而不是時間。亞里斯多德觀察到，沒有變化，時間就不存在，因為所謂的時間只不過是我們對「之前」和「之後」之間差異的度量。因此我們對時間的日常體驗有時拖拉、有時飛快。時間是有彈性的，會隨事物變化而調配速度。最微小的東西也可以創造前所未有的變化，甚至是小如病毒的物體。

二〇二〇年三月初，我們還活在「之前」。新型冠狀病毒還只是新聞，在中國以外的地區幾乎看不出全球危機即將出現：義大利北部有四十一人喪生，但是歐洲其他地區生活如常。美國在二〇二〇年三月一日傳出第一起死亡病例，不過當天的頭條新聞是彼特市長[1]宣布停止參選美國總統的競選活動。沒有談封鎖，沒有談口罩，大部分人也還不認得佛奇博士（Dr. Anthony Fauci）。

到了三月底，我們已經活在「之後」。全世界都關閉，數以十萬計的人們被檢測出病毒陽性，其中包括影星湯姆．漢克（Tom Hanks）、男高音多明哥（Plácido Domingo）、英國首相強森（Boris Johnson），以及太平洋上美國航空母艦的幾十位官兵。

大小只有人類頭髮寬度四百分之一的病毒，占領了我們一三〇億兆噸的星球，讓它以十倍速度旋轉。

但是，即使時間（變化）加速，我們的生活卻靜止不動。就像我的兒子第一次拿到糟糕的成績單一樣，我們無力去想像此時此刻之外的事。沒有之前，也沒有之後，只有Zoom視訊、外帶餐點以及Netflix。我們查看病例數和死亡數，也查看電玩遊戲分數和影片播出時間。二〇二〇年夏天最賣座的電影是《棕櫚泉不思議》（*Palm Springs*）——一個關於兩人不斷重複過著同一天的故事。

我經歷人生五十多個寒暑，知道糾結於此時此刻是不對的。就像我對孩子說的，我也試著說服自己：這一切都會過去。這本書嘗試做的，就是把眼光跳脫當今的空前變局，藉由創造未來去預測未來，催生對話，找出更好的解決之道。

當我們這顆唯一能夠負載生命的星球回復它的正常轉速之後，企業、教育和我們的國家會出現哪些不同？它是否會更合乎人性、更繁榮興盛？或者人們會希望它乾脆停止運行？我們能做些什麼以打造那個「之後」？

我是個創業者和商學院教授，因此我透過商業的角度來看待事物，這也是本書的核心——這場世紀疫情會如何重新改造商業環境。我檢視為何疫情讓大公司，特別是大型科技公司得利。這本書有相當的篇幅是我的第一本書《四騎士主宰的未來》在疫情時代的更新版，我重新審視亞馬遜（Amazon）、蘋果（Apple）、臉書（Facebook）和Google。同時我也觀察這四巨頭主導的產業之外，還有哪些破壞性創新的機會，前途大好的又是哪些公司。

企業並非在真空中運作，因此我把這些企業故事連結到更廣泛的社會故事裡。我用整整一章來討論高等教育，因為我相信它已趨近重大轉型的邊緣。我會討論幾個文化上和政治上因疫情而揭露和加速的普遍趨勢，解釋我何以認定一整個世代以資本主義之名所進行的變革，已經對資本主義體制造成傷害，以及我們能如何做出補救。這是一場全球性的危機，儘管我的舉例和分析都是源自美國的經驗，我希望這些洞見對其他國家的讀者也有其價值。

我首先要提出兩個論點。第一，**這場流行疫情影響最深遠的衝擊，是它將扮演一個加速劑**；它會啟動一些變化並改變一些趨勢方向，不過在此同時，疫情的主要影響是加速已經存於社會的動力。第二，**每個危機必然存在機會；危機更大、更具破壞性，機會也就更大**。不過，我對第二點的樂觀態度會受到第一點影響——許多因疫情而加速的趨勢是負面的，削弱我們在「後疫時代」復原和發展的能力。

1 譯注：指前印第安納州南灣市市長彼特．布塔朱吉（Pete Buttigieg）。他在二〇一六年初宣布投入民主黨的總統初選，聲勢一度被看好。在拜登就任美國總統之後，被提名出任運輸部長。

大加速

有句話，據說是列寧說的：「**有可能幾十年都沒事，接著幾星期內就過完了幾十年。**」說這句話的不是列寧，而是蘇格蘭的國會議員喬治．蓋洛威（George Galloway，好姓氏）。蓋洛威用典型蘇格蘭人簡明扼要的方式，把列寧在一九一八年發動俄國大革命帶來激烈變革後較冗長迂迴的話又重新詮釋一遍。

在幾個星期內發生了幾十年才完成的事，這個情形在大多數產業類別和人生各個面向上演。電子商務扎根於二〇〇〇年，自此之後，電子商務在零售業的比例大約每年成長1％。在二〇二〇年初，大約有16％的零售業是透過

美國電商市場滲透率

（占零售業百分比）

2009 年～2020 年

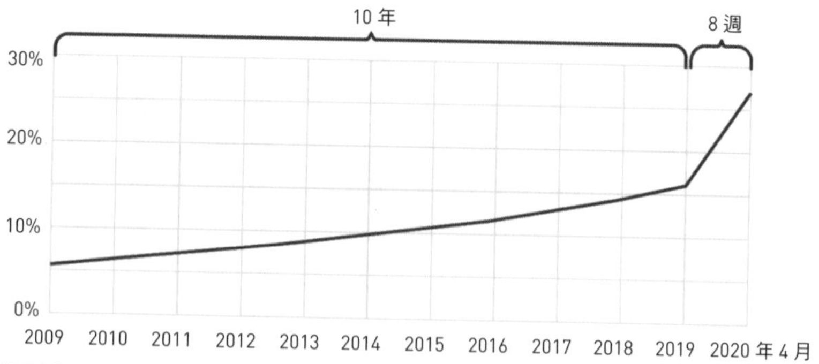

資料來源：美國銀行、美國商務部、ShawSpring Research

數位管道交易。美國出現疫情後（二〇二〇年三月到四月中旬）的八個星期，數字跳增到27%……而且沒有退潮的跡象。美國在八星期內取得了電子商務十年的成長。

不論社會的、企業的、或是個人的任何一個趨勢，好像已經向前快轉十年。就算你的公司還沒到達那裡，消費者行為和市場也已經到達二〇三〇年趨勢線的位置上——不管是正面或負面的。如果你的公司收支平衡不良，那現在已經無力為繼；如果你從事的是必需品零售業，那麼你的產品比過去更必需了；如果你在可選擇性零售業，你的產品比過去更顯得可有可無。在你的私人領域，如果你和伴侶彼此有爭執，現在衝突更嚴重了；要是你們關係很好，如今又多了十年的經歷和友好。

幾十年來，各家公司把幾百萬美元投資在虛擬會議的器材上，期待能夠消弭距離。大專院校心不甘情不願的在九〇年代初引進數位教學平台 Blackboard 這類的科技工具，（或多或少）避免和外頭的世界脫節。通信公司推出各式廣告，宣傳虛擬的家庭餐會、為病人看診的跨國醫師、以及不需離鄉背井就可以跟全世界最棒的老師學習的課程。然而幾十年來，情況沒有太大改變。造價數百萬美元的視訊會議系統並不奏效；學校教職員抗拒複雜程度超過白板筆或 PowerPoint 之外的任何科技；FaceTime 和 Skype 開始進入我們的私人通訊領域，但是還沒有達到它的「臨界量」。

但在幾個星期內，我們的生活全部移到了線上。商業活動以遠距進行，每一場商業會議都是虛擬的，每個老師都成了線上教育者，社交聚會也搬到螢幕上。市場上的投資者計算破壞性創新的公司價值，不是以未來幾個星期或是幾年為基礎，而是根據這家公司在二〇三〇年可能的市場位置。

蘋果公司花了四十二年的時間達到一兆美元的市值，然後只花二十個星期從一兆美元加速到達二兆美元（從二〇二〇年三月到八月）。同樣在這幾個星期內，特斯拉（Tesla）不只成為全世界最有價值的汽車公司，甚至還比豐田（Toyota）、福斯（Volkswagen）、戴姆勒（Daimler）、以及本田（Honda）等的總和還有價值。

幾十年來，大城市的市長和都市計畫官員一再主張要開放更多自行車道、行人專用區，以及減少汽車數量，幾十年來，車輛、空氣汙染和交通意外，卻依舊充斥在我們的街道和空氣中。然而，幾星期內，騎自行車的人們上了街，戶外的餐桌數量大增，天空也變乾淨了。

負面趨勢可能以更高的速率加速。幾十年來，經濟學家一再警告，經濟不平等持續

汽車公司市值

單位：十億美元 □2020 年 3 月 1 日 ■2020 年 8 月 21 日

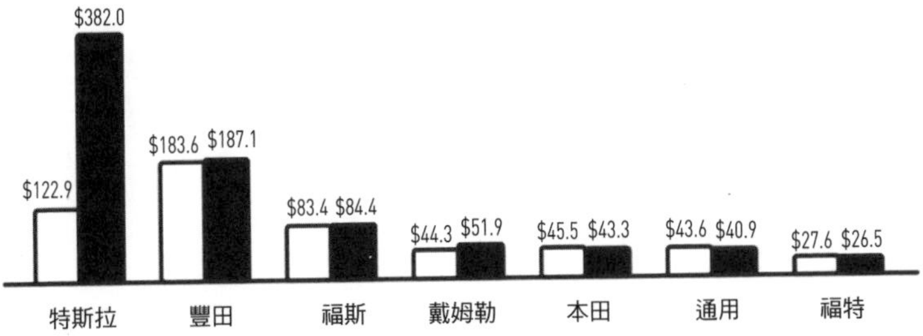

資料來源：Analysis of Seeking AlphaData

加深，經濟流動性則日趨遲緩。原本只是隱含令人不安趨勢的經濟，現在成了失能的反烏托邦（dystopia）。

有報告說，40%的美國人要籌措四百美元的緊急支出會有困難。即使出現空前的十一年經濟擴張，也不代表這樣的趨勢會因此消散。接著，在Covid-19帶來經濟衰退的前三個月，美國失去的工作機會（13%）比起大蕭條時期兩年所失去的（5%）還要多。半數的美國家戶因為疫情的爆發，至少有一人失去工作或遭到減薪。收入低於四萬美元的家庭受創最為嚴重——在二〇二〇年四月初有近40%遭解僱或休無薪假；相較之下收入超過十萬美元的家庭，失業的比例只有13%。

世界加速轉動，不管是往好或往壞的方向。

危機就是轉機

這句話會變成陳腔濫調自有其道理。甘迺迪把它當成選戰演講的必備台詞，高爾在諾貝爾獎得獎感言也用到這句話。在中文裡，把「危機」這兩個字拆開來看，一方面固然意味著**危險**，另一方面它也是**機會**。在後疫時代，有什麼機會在等著我們？

在這場疫情的烏雲底下，背後可能隱藏同樣巨大的希望。美國突然在一夕之間有了更高的儲蓄率和較低的空汙排放。美國最大、最重要的三大消費類別（醫療保險、教育和日用雜貨）都出現前所未見的破壞，也可能是前所未見的進展。

儘管 Covid-19 導致醫院不堪負荷是理所當然的新聞頭條，不過影響更深遠的故事或許是，其他99%的人們在疫情期間如何取得醫療照顧——既無須踏足診療室，更不用入住醫院。人們被迫接受遠距醫療，意味著爆炸性的創新即將出現，也為美國人對抗殘破健保體系的戰爭開啟新戰線。同樣的，我們被迫接受遠距教學，儘管目前為止仍顯得笨拙且問題多多，但它可能催化高等教育的演進，減低學費並提升入學率，並恢復大學擔任美國社會向上流動的潤滑劑角色。甚至，比教育更基本的營養問題也接近革命邊緣，透過外送服務提供日用雜貨可以創造新的機會，讓派送更有效率，取得生鮮食物更為普及，並採用在地的貨品。

在這些改變下，在全球危機中成長的新世代可能對共同體、合作和犧牲有新的體認——這個世代的人相信，同理心並非軟弱，而財富也不是美德。

轉機並不保證必然無虞。事實上，人們對「危機」流行的解釋並不完全正確。第一個「危」字意思的確是**危險**，不過第二個字「機」或許應該解釋成**緊要關頭**——這是抉擇的十字路口。對列寧的同胞們來說，一九一七年翻天覆地的變革同樣也提供機會，但未能掌握這些機會則引來巨大的苦難。

我們很輕易就認為悲劇不會發生在我們身上，認定「這裡不會發生這種事」。不過，想想看，在不久之前（二十世紀中葉），美國曾把七萬五千名美國公民關進鐵絲網，只因為他們有日裔的先祖。再想想看，在疫情剛開始爆發時，有人想過，美國每天會有一千人死於已經被其他（醫療沒那麼先進的？）國家成功抑制的病毒嗎？

美國人對這場危機的回應無法激勵信心。儘管美國有較長的時間可以準備，儘管美國花的醫療費用比任何國家還多，並且相信自己是有史以來最具創新精神的社會，但是占全球5％人口的美國卻占了全球感染和死亡人數的25％。美國人過去用十年時間創造出兩千萬個工作機會，卻在十個星期內摧毀四千萬個工作。旅行大幅減少，餐廳熄燈歇業，酒類飲料和手槍銷量卻大增。超過兩百萬的Z世代青年們搬回去和父母同住，有七千五百萬年輕人在不確定、衝突和危險中，準備重返學校。

歷史學家們會分析美國做錯了什麼才走到這一步。美國失敗的更深層原因已昭然若揭。

再來回顧兩場戰爭。美國投入第二次世界大

疫情前後的行為改變

2019 年 4 月 VS 2020 年 4 月

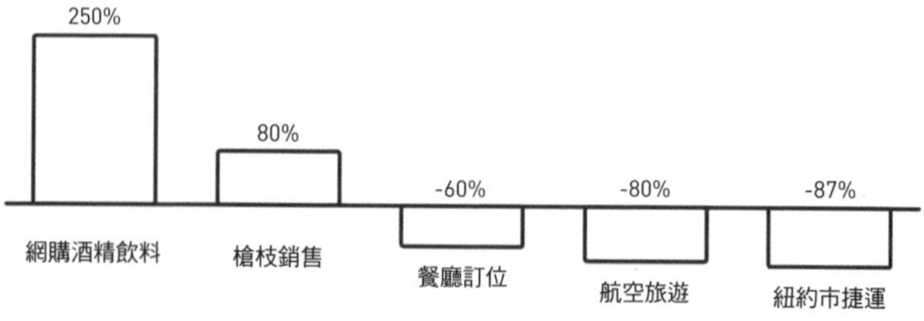

資料來源：1. NowThisNews　2. NPR　3. CNN　4.CNBC　5. NYT

戰，為時總共三年又八個月，有四十萬七千名美國人罹難；當時買不到巧克力或尼龍絲襪，儘管戰時財務拮据，家家戶戶還是被迫掏錢購買戰爭公債。製造業重新改造工廠，來製造轟炸機和坦克車，全美還實施時速不得超過三十五英哩的「勝利」速限，以節約戰時必要的燃料和橡膠；我們徵召中學生和中學老師，他們為自由奉獻了生命。戰後，美國在「敵國」投資，創造出前所未有的財富和繁榮。有段時間，美國的財富分配比以往更加公平。美國改變居住的所在（都市郊區）和生活方式（有了汽車和電視），並且開始檢視在種族和性別上長期被忽視的嚴重不平等。

把犧牲外包給別人

美軍在阿富汗已經打了十九年的仗，失去二三一二名服役人員。這場衝突已經轉變成蔓延半個地球的暴力，未計入的平民喪生人數以十萬計。在這段期間，我看過無數每十四英哩耗油一加侖的休旅車上貼著「支持我們部隊」的貼紙，但是美國人從商店或是手機購買巧克力、或是任何我想要的東西，都不成問題。我錢賺得越多，稅金繳得越少，也不會有人要我購買戰爭債券，或是抽徵兵的號碼。相反的，美國把戰爭外包給勞工階級的年輕志願軍，費用是透過增列的六．五兆美元預算赤字，交給下一代來支付。

曾經，愛國主義是一種犧牲，如今成了振興方案。在疫情肆虐期間，美國政府和領導人用行動來說話：幾百萬美國人的死亡固然很糟，但是那斯達克指數下跌才叫悲劇；其結果是一場不合比例原則的苦難。低收入美國人和有色人種感染的機會更高，他們面臨重病的風險也是高所得家庭的兩倍。對有錢人來說，陪伴家人和看Netflix的時間、存款和股票投資組合的價值都增加了，而且通勤和日常開支都減少了。

美國到底要朝向如《飢餓遊戲》[2]般的未來，或是有更光明的明天，端看美國人在冠狀病毒疫情後選擇哪一條道路。

第一章 冠狀病毒和汰弱留強

汰弱留強：強者變得更強

冠狀病毒危機中最令人驚訝的一個面向，是金融市場展現的韌性。從疫情爆發到轉為流行病的過程中，主要市場的指數（道瓊、標準普爾五〇〇、那斯達克綜合指數）在短暫下跌之後重振雄風。到了夏天，儘管美國死亡人數達到十八萬，失業人數締造新紀錄，而且病毒仍無衰退跡象，但這些指數已經收復了大部分失土。《彭博商業周刊》（*Bloomberg Businessweek*）在六月分的一期封面故事中形容這是「大脫節」（The Great

---

2 譯注：《飢餓遊戲》（*The Hunger Games*）是美國作家柯林斯（Suzanne Collins）的反烏托邦小說，被改編成電視劇電影和遊戲。故事描述未來世界裡各區以抽籤挑選青少年進行生死搏鬥。

Disconnection）。雜誌宣稱：「連華爾街專業人士都驚呆了」。兩個月後，在我寫作本書的同時，病毒每天奪走一千個美國人的生命，但市場指數仍持續攀升。

然而，市場指數有可能被誤導。所謂的「復甦」是少數公司超乎尋常的獲利所造成，特別是科技業巨頭和一些市場的重要參與者，它並沒有反映在更廣泛的公開市場上。從二○二○年一月一日到七月三十一日，追蹤美國五百大上市公司的標準普爾五○○指數還維持年度的正成長。不過在市場中位的中型股則下跌了10％。至於標準普爾六○○小型股指數所追蹤的六百家小型股公司則衰退15％。

標準普爾小型股、中型股、大型股指數表現

2020 年 1 月 1 日到 2020 年 7 月 31 日

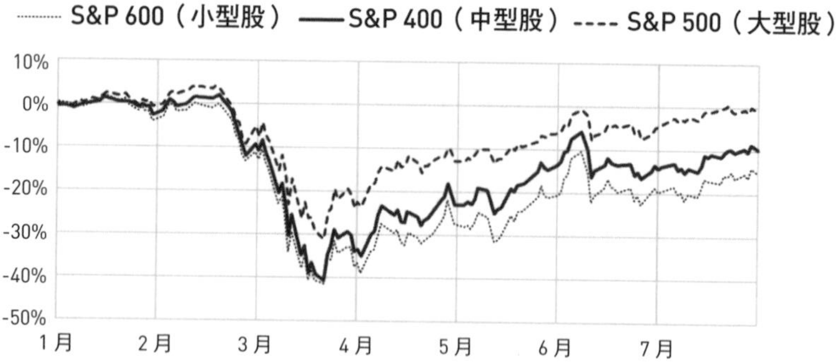

資料來源：雅虎金融數據分析

媒體被大型科技公司和大型股指數閃亮亮的表現所吸引，同時，一場汰弱留強的無情殺戮正悄悄進行。弱者不光是被甩在後頭，甚至慘遭屠殺。破產公司的名單既長又讓人驚呼連連：尼曼・馬庫斯（Neiman Marcus）、J. Crew、傑西潘尼（JCPenny）、和布克兄弟（Brooks Brothers）；赫茲租車（Hertz）（旗下擁有道樂〔Dollar〕和蘇立夫提〔Thrifty〕）和優勢租車（Advantage）；羅德與泰勒（Lord & Taylor）、真實信仰（True Religion）、幸運牛仔（Lucky Brand Jeans）、安・泰勒（Ann Taylor）、萊恩・布萊恩特（Lane Bryant）、男士服飾（Men's Wearhouse）、約翰・瓦維托斯（John Varvatos）；連鎖健身品牌24 Hour Fitness、Gold's Gym、GNC、默德爾運動用品（Modell's Sporting Goods）、美式足球聯盟XFL；高級廚具連鎖商Sur la Table、高級食材超市Dean & DeLuca、美國無印良品（Muji）；切薩皮克能源公司（Chesapeake Energy）、戴蒙德離岸鑽探公司（Diamond Offshore）、懷汀石油公司（Whiting Petroleum）；加州比薩廚房（California Pizza Kitchen）、連鎖麵包咖啡店Le Pain Quotidien的美國子公司、以及連鎖餐廳出奇老鼠（Chuck E. Cheese）。所謂「BEACH」產業——預定（booking）、娛樂（entertainment）、航空（airlines）、遊輪（cruises）和賭場、飯店與休憩（casinos, hotel, and resorts）——股價平均下跌50％到70％。

這也解釋了市場領先者的強勢表現。一家公司的價值是由它提供的「數字」和它的「敘事」所呈現的結果。目前看來，規模大小給一家公司提供的敘事不只是能否度過危機，而是它在後疫時代能否蓬勃發展。經過這一番汰弱留強，天降甘霖之後，將有更豐盛的植物留給為數更少的大象。擁有現金、擁有債務擔保、擁有高價值股票的公司，將可以接收陷入困境的競爭對手的資產，鞏固在市場上的有利位置。

這場流行病的疫情同時也助長「創新」的敘事。被視為創新者的公司所獲得的估值，反映的將是十年之後預估的現金流，並且以難以想像的低利率折現。投資者顯然會把焦點放在一家公司的願景，關心它十年後可能位置的敘事。這正是特斯拉的市值如今超越豐田、福斯、戴姆勒、本田總和的原因所在。儘管，事實上特斯拉在二〇二〇年大約生產四十萬部車，其他四家汽車公司總共打造出兩千六百萬部車子。

市場對後疫時代下了大賭注，我們正看到巨大獲利和慘重衰退同時發生。到了七月底，特斯拉與去年同期相比成長242％，通用汽車則下跌31％。亞馬遜上漲了67％，美國最大的連鎖百貨商店之一傑西潘尼則破產了。這種大者與小者之間、創新者與守舊者之

強者變得更強

以 2002 ～ 2020 年市值變化為基準所估算的利潤

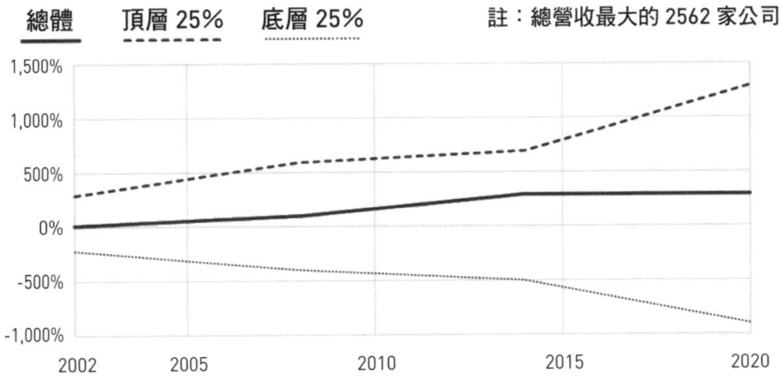

資料來源：MCKINSEY&COMPANY, VARIANCE

間的「脫節」，與我們經常談論所謂市場和整體經濟之間的落差，意義同樣重要。今日的贏家被判定是明日的大贏家，至於今日的輸家則恐怕前途無望。

談到預測資本市場，有個重點是這些預測在某種程度上會自我實現。當市場決定亞馬遜、特斯拉、以及其他被看好的公司是贏家，市場就會降低這些公司的資本成本，增加它們的補償價值（透過股票選擇權），並調升它們獲取本身無法自行建構的東西的能力。而且，如今有多到難以想像的資金在尋找標的。美國政府已經投入二・二兆美元，由於某些糟糕的決策（稍後我們會談到），其中有大量資金直接進入資本市場。因此，受疫情衝擊之前表現良好的公司，在這場全球危機中得到驚人的獲利，它們有充分資金可吸收營收的損失，阻絕對手的競爭，並開拓隨著疫情所開啟的新機會。在此同時，相對較贏弱的競爭者則被阻絕於資本市場之外，看著自己的債信評等下跌，它們應付款的持有者開始催款，它們的客戶則對長期交易感到緊張不安。

誰會消失、誰會存活或蓬勃發展，出現一個非經濟的裁判者：政府的支持。舉例來說，以航空公司目前的狀況，看不出誰能在這場流行疫情中存活；我們大概想不出還什麼產品會比飛機更有利於病毒散播。疫情加速了遠距工作，扼殺了商務旅行這個航空業的金雞母。除此之外，航空公司經常性的雜項開支龐雜，在營收下滑時仍難以降低成本。一些較不受重視的小型國內航空公司，以及維珍大西洋航空（Virgin Atlantic）在內的一些國外航空，已經宣告破產。不過我猜美國不至於會看到任何一家大型航空公司倒下，因為這些航空公司在國會裡有重要的靠山。在二〇〇二年四月，美國政府給了這些航空公司二五〇億美元，接下來它們可能還可以拿到更多。好的遊說團體和公關部門、高度的消費者意識，再加上與國家榮耀的深度連結，足以挽救這個產業，讓史上口袋最深的美國國庫再為它們拉一條資金生命線。

在淘汰賽中存活：現金為王

過去十年來，市場判定一家公司價值的標準，已經用願景和成長取代獲利。閃電擴張，不計代價。成本就是投資，獲利或市場宰制力指日可待，哪裡有錯？當股權投資者排隊投入更多資金，現金流已無關緊要，特別是在過去負債極少、無形資產快速成長的科技業，它們的資產負債表多半不會受到太多檢視。

不過在疫情流行期間，畢竟現金是王，成本結構則是新的血氣值。強健的資產負債表是度過艱困時期的本錢。持有現金，低負債或低息借貸、有高價值資產和低固定成本的公司，更有機會存活。

有好幾個理由讓好市多（Costco）可望在零售業逆勢攀升，其中一個理由是它坐擁一一〇億美元的銀行帳戶。漢威聯合（Honeywell）手中的一五〇億美元，大概也能帶領它進入後疫時代奶與蜜的豐饒之地。嬌生公司（Johnson & Johnson）有近兩百億美元——它的地位也穩如泰山。這幾家公司在它們較疲弱的競爭對手關門之後，將可以好好挑揀它們留下來的資產和客戶。在每個產業類別，權力都將更集中於資產負債表最搶眼的二或三家公司。

過去幾年來，關於股票回購（share buyback）——也就是公司以盈餘購入自己公司的股票——有許多的討論。它有助股價的上漲，多半可讓高層主管們分到更多的紅利，不過對公司所營運的事業並沒有好處。在經濟陷入衰退的時刻，管理階層要採用這個策略最好三思，一旦他們想把現金拿回來，為時已太晚。股票回購就像是時間已經啟動的定時炸彈，拿公司的長期未來交換短期的投資獲利，如今這些炸彈即將引爆。我們應該容許讓這些公司倒下，如果不讓它們倒下，代表我們身為一個經濟體，優先考量的是股權而非債務，因為債權人理當擁有這些資產。

後疫時代損失最慘重的將是有眾多員工、但帳面成績不良的大型公司。我在二〇二〇年三月曾說過服飾連鎖店安．泰勒（Ann Taylor）會關門，它的母企業 Ascena 果然在七月申請破產，總共積欠十萬個債主一百至五百億美元不等的債務，其中絕大部分是房地產的地主；同樣是服飾連鎖店的 Chico 也將不復存在。對傳統零售業而言，無法創新並吸引更年輕、更常在線上的消費族群，在疫情前就已經是致命弱點。從經濟的角度來看，資產負債表不良的中型和大型公司損害最大。這也是經營一間餐廳所需面對的挑戰：

它有大額的固定開支——房租——而且要改變這現實你幾乎無能為力。此外，由於它是低利潤、資金來源有限的行業，多半沒有緩衝的資金可以幫你度過艱困時刻。

危機管理的一〇一法則

要應付這場危機，首先是要理解一家公司在疫情下戰略光譜的位置。獸群中最巨大的大象所採取的正確行動，對「病懨懨的羚羊」（貝佐斯曾經如此形容小型出版社）未必適用。產業類別左右了公司的發展：有些風光亮眼（科技業），有的馬馬虎虎（運輸、醫療），有的則苦苦掙扎（餐飲、飯店）。在相同產業中，針對重要指標（品牌、管理、資產負債表）的差異需要有不同的因應策略。即使在最疲弱的產業，還是有人可以挺過難關。

但是，挺不過去的人更多。執著雖是美德，但終究有限度，在受重創的產業裡，公司如果無法從其他較弱的競爭對手接收好處，就需要一些跳脫框架的思考。有沒有可用的轉折支點？有無資產可用來轉型發展新事業？舉例來說，我是全美最大的黃頁公司的投資人和董事成員，如今它們已經轉型成為客戶關係管理公司（customer relationship management，通稱CRM）。它們運用資產強項——它們與數以十萬計的小型企業的關係——來提供「軟體即服務」（SaaS-based）的CRM產品。它奏效了。

如果品牌是你最強大的資產，但企業已陷入結構性衰退，那就該認真思考在企業消亡前充分榨取品牌的利益。儘管我們盡可能把品牌人性化，不過品牌終究不是人——它們是要被變現的資產。一個品牌在消亡之前，沒有把握它的黃金歲月充分利用它的價值，才是唯一的罪過。有太多的經營階層試圖為年邁的品牌施打肉毒桿菌，貌似回春，事實上，他們該做的是讓它待在有利可圖的安寧病房，利用它的最後一點價值，讓創造出品牌價值的人類——也就是員工和客戶們，在轉型過程中能更輕鬆容易一點。總而言之，許多處在非領先集團、又缺乏「雨天基金」（rainy-day fund）的市場參與者，能做的是尋找優雅退場的方式，既保護自己的員工，也不至於讓客戶陷入無助。

過度矯正

通往後疫時代的道阻且長，對繼續要走下去的公司而言，回應危機的關鍵字是「過度矯正」（overcorrect）。

典型例子是嬌生公司對泰諾（Tylenol）醜聞所做出的反應。嬌生公司能成為全球市值最高的公司之一其來有自。一九八二年，幾罐泰諾止痛劑在出廠後遭人下毒，疑似是意圖勒索的「千面人」犯罪，嬌生的回應倒不是說錯不在它們，一切交給警方處置。相反的，嬌生公司宣布把三千一百萬瓶的泰諾止痛劑全數下架，並設立電話熱線，對勒索案的線索提供懸賞，同時更換販售的藥瓶。千面人事件是嬌生的錯嗎？並不是。公司是否過度反應？是的。它是否確保大眾的健康並重建公司的信譽？當然也是的。

領導世界衛生組織（WHO）公共衛生緊急計畫的萊恩博士（Mike Ryan）說得好，這是適用於各種緊急狀態的教訓：「如果你非得要謀定而後動，絕對無法成事。在緊急狀態的管理上，追求完美是把事情做好的最大敵人，速度要優先於完美。當前社會的問題是，大家都擔心犯錯。」

對於處在不利位置的公司而言，仰賴於大刀闊斧刪減成本來求生存。我們已經見到，即使疫苗問世，回歸到「正常」生活依舊緩慢而不可預測。幾乎每個人都面臨營收減少，公司如果得不到股權資金、低利貸款、或是政府補助，需要比過去更加勒緊褲帶。在零售業中老話一句是：第一次降價就是最好的降價。用80%的預算價格賣掉你的東西，要比觀望一個月後不得不用60%的價格賣掉來得好。靜觀其變只會讓問題更嚴重。

徹底精算你的公司以及團隊的開支，降到最低的成本基礎，動作要快。趕快打電話告訴房東：「我需要暫停付款。」裁減薪資，從自己開始，接著是領高薪的人——他們承受得起，同時也向大家傳遞出訊息。找一些支薪的替代方式——發股權、延後支薪、休假——任何不需要付出現金的方法都行。不過有一個例外：遣散費。你保護不了工作，但是你可以保護人。你必須奉行達爾文主義，對裁減工作職務毫不留情，不過接下來你必須盡一切可能提供優渥的資遣費。

請清理林地的枯枝。現在是撤走「半」退休創辦人的角落辦公室、取消大廳第四份和第五份雜誌的訂費，以及緊縮差旅和加班宵夜費用的時候了。二〇二〇年六月，微軟公司在這方面採取大動作，以四．五億美元的大手筆擺脫掉實體店的零售業務，它是巴爾莫時代[3]留下的遺產。

採取攻勢

在刪減成本之外，對於無法擺脫的資產，你還能做些什麼更好的處理？二〇二〇年夏天，我花了很多時間與高等教育機構的主管們通電話，他們因為疫情感受到強大的壓力，但是由於教授的終身任期、強大的學校工會、以及學校附屬設施等因素，讓校方幾乎沒有刪減成本的彈性。因此他們能做的就是接納更多學生，以減低每個學生所需的平均成本。在科技上的小投資可讓他們擴展班級的人數，而且不需要相對應的實體設備。

過去十年來，我在紐約大學史登商學院開設一門秋季班的「品牌策略」，教室開在坐滿一百六十人的演講廳。這是一堂大受歡迎的課，有更多的學生想要選修，但這已經是我們最大的一間教室。不過到了二〇二〇年，史登商學院課程上線了，人數限制也因此解除。如今在我二〇二〇年秋季班的虛擬演講廳裡總共將有二百八十名學生。這意味著學校要多付一點費用給Zoom，還需要多聘幾位助教，但是我的薪水用不著調整，同時學校也無需添置曼哈頓的房地產。

3 譯注：巴爾莫（Steve Ballmer），二〇〇〇～二〇一四年擔任微軟公司執行長。

幸運降臨在強勢位置的公司上，應該是時候好好施展一下疫情期間的拳腳。微軟公司對收購 TikTok 展現的興趣，只不過是十年來最活絡的併購（簡稱 M&A）環境的開端。大型科技公司和「創新者階級」用的是充分反映實值／完全通膨的貨幣，這表示幾乎任何收購都有增值作用。只要持有一小部分的股權就可以慷慨的發行股票，新產品線能夠得到數倍的獲利，讓現金交易增添更多市場價值。舉例來說，運動服飾品牌露露檸檬（Lululemon）以五億美元現金購買健身鏡的新創公司 Mirror，它們看出在家健身的風潮已經一口氣向前快轉了十年，這家公司立即得到回饋，它的市值隔天就增加了二十億美元。

後疫世界將獎勵各式各樣的「零接觸交易」。我們會拋棄商務旅行、商務晚餐以及商務高球聚會（感謝老天），取而代之的是更有效率的電子郵件、電話及視訊，還有我們更需要的——在家用餐和放鬆的時間。重新思考一下公司所提供的員工福利——寵物津貼可能比健身房會員證更受歡迎。或許，在家工作的彈性措施，是當下讓員工最感窩心的福利。聆聽員工的心聲，不只有助於企業領導人做出最有效的決定，同時也會建立信賴感，這是危機時刻特別缺乏的東西。

如果安全和存活是主要目標，這可能代表你需要的不只是修補調整，而是整個商業模式的重新思考。你在市區的好地段開餐廳嗎？餐廳所提供的美好用餐體驗，如今可能隨安全和便利考量而大打折扣。能否重新思考菜單和空間設計，像紐約一家餐廳一樣提供外帶和「食材供應」的服務，在千方百計設法生存的同時仍維持奢華風味？是否還經營如今少見的實體書店，不提供太多的網站服務？現在該是大力推動數位化的時刻了。我曾在亞馬遜買一本二手書，它的包裝如此精美，讓我忍不住去找它的出版商。我找到了，並直接從它們的網站買了更多的書，因為它的禮品包裝和購物體驗實在太棒了。談到數位化，任何公司能幫客戶節省時間的事，都比「前所未有的體驗」這類花俏的行銷術語更能建立你的NPS（淨推薦值，Net Promoter Score）。簡單來說，就是盡可能加強公司網站的效率，節省消費者的時間。

對各行各業來說，這是忘掉你的所學，基於後疫時代自我定位的需求，做出艱難改變的時刻。從一張白紙開始，擺脫所有傳承決策（legacy decisions）之後，如何改變你進入市場的方式、設想出人力資源的正確數量和酬勞，並決定理想的償付策略？你要審時度勢在全球流行疫情中做出重大的決定、重大的投資、並做出大膽的賭注——既沒有使用手冊，更沒有太多安全護欄。

該把賭注下在什麼地方？最大的機會就藏在流行疫情使得變化加速的區域。

冠狀病毒的「流氓步數」：可變的成本結構

有現金當然容易存活，不過真正的「流氓步數」（gangster move）應該是減輕資金負擔，也就是說，要有個可變的成本結構（variable cost structure）。Uber 是這個新模式的典範。這家公司**用別人的資產**當槓桿的操作方式，是它在疫情初期核心業務幾近崩盤的情況下，股價仍能支撐公司價值的原因。Uber 車位的租金有別人幫忙付，負責開車的不是它的員工（至少，就法律的角度來看）；一部 Uber 的車子在不幫公司賺錢的那一秒開始，它等於自動消失，幾乎不花公司半分成本。當危機來了，Uber 的營收可能近於零，但它的成本也可以降低60～80%。另一方面，赫茲租車（Hertz）它的車是自己的，結果破產了；波音公司有一百億美元的現金，但是假如它的營收下降了80%，它可能成本只能減少10%，或者20%；特斯拉可以讓它的員工放無薪假，但是它仍舊積欠數億美元租賃財產（工廠、零售店、充電站）、數十億美元供應給工廠的採購承諾、為員工支付的醫療保險，還要為近百萬位特斯拉用戶提供保固服務。

當然，Uber 的模式是剝削式的。Uber 的「駕駛合夥人」仍得付**他們自己的**汽車貸款和汽車保險。它的模式就像是聯合航空告訴自己的機組人員，想領薪水的話就要自備七四七客機。但這卻是有效的經營模式，至少對 Uber 是如此。

Airbnb 是另一個占據有利位置的賽局參與者，儘管它所處的產業基本上在防疫期間消失了好幾個月。它拿別人的房地產來變現，這表示房貸是交給別人去煩惱。它們的事業會強力反彈，因為在人們安心回到飯店、遊樂園或是遊輪之前，出租私人空間的前景大好。隨著越來越多失業者考慮加入零工

實物資產周轉率

毛利潤 / 2019 年實物資產

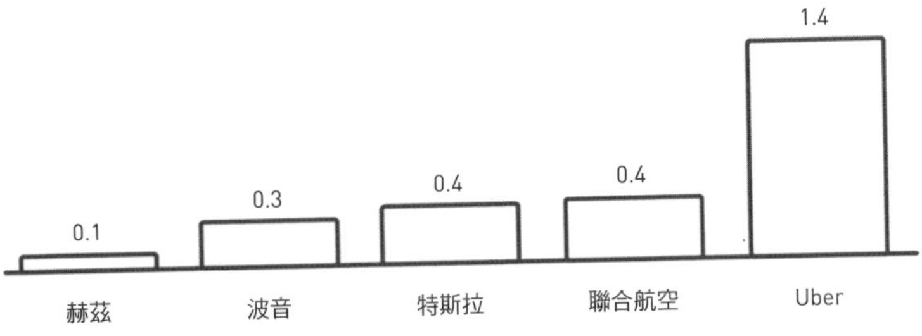

資料來源：公司財報分析

經濟（gig economy），這將是出租閒置房間的好時機，甚至你會搬回去和父母同住而把整間閒置的公寓租出去。

零工經濟具有吸引力，原因也在於它具有剝削性。它掠奪的對象是還沒有投入資訊經濟的人們，因為他們沒有取得必要的工作資格、或是無法從事傳統類型的工作——他們可能是個看護工、有健康狀況、或單純是英文說不好。Uber 掠奪這些被剝奪權利的人，提供他們低於最低工資的彈性薪資、以及極低的新創事業成本。這到底是 Uber 的管理階層和董事會缺乏紀律和原則，還是我們社會的一大罪過，才會讓數以百萬計易受害的合作夥伴出現？答案是，二者皆是。

大分散

Covid-19 正加速許多經濟產業的分散。無庸置疑，亞馬遜奪走實體商店，再把店家分散到我們家門口；Netflix 接手了電影院，把它放進我們的起居間。這種分散未來在其他產業也會出現，其中包括醫療照護。

安度這場 Covid-19 流行病的人，絕大部分都沒有踏入醫院一步。在防疫期間，有心理狀況的人們無須出門，就可以接受治療師的診療並調整用藥劑量。這得助於保險規定的改變，過去的規定多半不支持遠距醫療和遠距開立處方。這些規定更動後，未來再改回來的可能性應該不大，而各種變革創新和大量資金將會被投入這座已開鑿的機會之井。我們手機上高解析度的攝影機已經是很堪用的診療工具，不過相對於可寄送到家、自行檢測、再寄回，對用戶友善的診療工具而言，這只不過是一小步。專家們將跨越城市、跨越國家接受諮詢。美國最大的獨立遠距醫療服務 Teladoc Health 已經在它們的網站新增數千名醫師。「歐巴馬健保」重要的推力是把病歷電子化的電子健康紀錄，同時它也可能是這個計畫裡最有延續性、也是最重要的遺產，因為電子紀錄將促使這個即將出現破壞性創新的產業出現大分散。

我們已經看到，食品雜貨以前所未見的速度朝向分散的趨勢轉型。在疫情流行之前，大部分人較喜歡自己挑選吃的東西，尤其是生鮮食品，然而，避免出門的防疫忠告讓我們開始接受不是自己親手挑揀的水果。從二〇二〇年三月初到四月中，線上雜貨的銷售大約增加90％，食品運送的售額則成長50％。這個轉變帶來基礎設備的更新，從倉儲到客戶關係的深化，都不會隨疫情結束而消失，並且將改變我們的食品運銷系統。原本需要十年時間才能打造的習慣，如今成了新常態。

在家工作

在所有疫情帶來的衝擊當中，或許最顯而易見、範圍最廣的趨勢加速是「在家工作」的劇烈轉變。工作分散的時刻已經來臨。當然，這會是個雙面刃。和許多疫情中發生的事情一樣，最有錢的一批人占盡最大的好處，他們擁有在家辦公的設備，孩童托育可找人協助，或是在封鎖期間仍有其他收入來源。另一方面，大部分的勞工階級則無法在家工作，因為他們人身被限制在商店、倉庫、工廠或其他工作場所。即使他們可以在家工作，或許可省下通勤的麻煩和辦公室的咖啡錢，但仍有些需要承受的負擔。

身為業主，我長久以來一直對在家工作的企業文化抱持懷疑。創意需要互相的撩撥和爭論，而最好的方式就是從面對面的人際交往中產生。用電話溝通效果總是比電子郵件更好，同樣的，面對面開會也比視訊會議更有生產力，也更能建立同袍情誼。實際現身也可建立信賴感——視覺上的提示有助於互信。此外，毗鄰性（proximity）也是建立關係的關鍵，它對任何組織文化都至關重要。

但是，親自出席成本也比較昂貴。辦公室的空間、通勤、西裝乾洗費用、貴得要命的三明治——這些都是成本。在此同時，能實現虛擬互動的科技正持續進化，而且越來越便宜。它的「一兆元大問題」[4]在於，科技能否疏散勞動力，而且不至於減損公司文化裡的創新和生產力。六個月前，我仍認為辦不到，不過病毒可不管我這一套管理學理論，所以現在就這樣了。

雖然刻板印象會認定在家工作讓人變得懶散，不過初期的數據卻顯示，至少部分公司的生產力反倒提升了。時至二〇二〇年六月，有82%的企業老闆計劃讓員工在某些時間可以在家工作，還有47%的老闆說，他們打算讓全職的遠距工作持續實施下去。目前，我們還只算是在家工作的初期實驗階段。高壓力狀態、家人的干擾、以及自家湊合的設備並不算絕佳組合。大家開始有「視訊疲乏」（Zoom fatigue），不過能夠提升團隊互動

4 譯注：英文的「百萬元問題」（million dollar question）源自於電視益智節目的用語，意喻困難又必須即刻回答的關鍵問題。這裡作者用「一兆元大問題」（trillion dollar question）把問題困難和重大的程度又提升了百萬倍。

的新科技已經開始出現。我們渴望聯繫，但不想被監視——這是創新的大好機會。舉例來說，Zoom已經宣布推出第一套專為在家視訊會議的系統，包括二十七吋的螢幕，配備麥克風和廣角攝影機。新創公司Sidekick推出具有休眠顯示功能（always-on）的平板電腦，訴求對象是需要持續、即時通訊的小團隊同事，可以模擬他們整日坐在一起工作的情況。

從隨機抽樣來看，我認為在家工作對大多數人而言，工作變得更不容易而不是更簡單——有年幼子女的父母格外如此，尤其我們企求在工作與生活尋得平衡的夢想似乎更遙遠了。不過，它之所以讓我們在工作和生活之間失衡的一大理由是，我們的K－12教育（幼兒園到十二年級中學生）也要在家上課，這是個困難、但短期內不得不然的情況。如果學生們在二〇二一年終於可以百分之百親自到校上課，在家工作的優點或許會更加明顯（不必通勤、省去早上塞車的麻煩、需要準備的時間更短、在房子的幾處地點都可以作業）。

這是一個讓雇主構想出新方法來鼓勵和支持員工的好機會。在大城市裡，公司每個月可能要花兩千美元供應辦公室的零食（在我的公司L2中，過去是每月兩萬美元），現在我們不買了。在我新設立的新創公司Section4，我們按月發給員工們雜貨現金卡：他們可以買自己想要的零食。很多人並沒有足夠舒適的設備，讓他一天上八到十小時的班。公司是否查核過家庭辦公室的需求，幫一些人買張好椅子？那些已經有椅子的人缺不缺麥克風？公司是否會幫每個人買一個好的麥克風，還是發給他們辦公用品店的禮券？這些選項要依照公司團隊的規模和預算多寡來決定。重點是，展現公司的體貼和支持。

星期五在家工作，過去是少數人才能享受的福利。在後疫時代，星期五在家工作（或者星期一、三、五）將是新常態。

工作分散的次級效應

有些零售業是受益者。假如我多了10～20％的時間要留在家裡，我會去CB2家具買張好沙發，或是多投資一點在Sonos的智慧音響。儘管全美許多地方在二〇二〇年三月分都處於封城狀態，家具用品的銷售額仍增加33％——如果人們要被困在自己家裡，得在家裡工作，那就是他們開始進行家庭設備改造計畫的時候了。

在家工作的常態化，或許會為女性開創更多的機會。三十歲以下、沒有子女的女性，她們和男性同儕的薪資差異正在縮小。女性一旦生了小孩，當男性做相同工作每賺到一塊錢，她們相對只能賺到七角七分。要幫助有小孩的女性發展出相同的職涯曲線，其中一個辦法是為她們的工作環境提供更多選項和彈性。在家工作的一個好處是，你可以跟同事在不一樣的時間工作，讓你可以應付家人的需求，例如照顧孩子、做些雜務、或是培養嗜好，幫助自己在工作和生活之間達成平衡。這也是重新攤開瑜珈墊，或把車庫裡積灰塵的鼓組再拿出來練習的好時機，因為你已省掉了每年花在通勤的二二五個小時，相當於整整九天多的時間。

不過，在家工作也有其風險。如果你任職的大型科技公司可以搬到丹佛，那麼它也很有機會搬到印度的邦加羅。此外，在自家沙發上工作固然很棒，我們仍是一個不平等的社會，女人仍比男人分擔較多的家務和照顧子女的工作。也因此，特別是在學校仍猶豫是否重新開放的期間，如果照護子女或在家就學的時間需要延長，雙親之中放棄工作的多半會是女方。低收入的家庭更是如此。

職場中的晉升往往是在個人對個人的、非正式的溝通中決定，例如在下班後一起小酌或是即興的午餐。人在現場，容易成為主管考慮擢升時最先想到的人選，或至少也是主管最熟悉、相處最自在的人。因此公司有必要做額外的努力，把在家工作的員工找來一起開會、做非正式的交流，並納入晉升的考量之中。用工作表現做評斷，而不是用工作班表來評斷。

不論多麼努力，每週進公司五天（甚至更多）的人，和沒辦法這麼做的的人——不管是因為要照顧小孩或其他家人（多半可能是女性）、或是有防疫上的需求、或是被派駐千里之外——他們之間還是有難以避免的機會差異。這不僅對員工不公平，對雇主也是一種損失——讓人無法進辦公室上班的障礙，往往可鍛造出技能和紀律。我創辦過九家公司的經驗告訴我，一些為人母的員工在效率方面，往往明顯優於身為人父的同儕們。

我在第五章會對這一點做更多的討論。不過我們不該忽略的是，遠距工作會成為收入不平等更加嚴重的一個原因。有60%年薪超過十萬美元的工作可以在家完成，相較之下，不到四萬美元的工作只有10%可以在家進行。這是流行病對不同收入水平的人帶來不同衝擊的主要因素（低收入的工作者被資遣或放無薪假的機率，是較高收入工作者的將近四倍）。在後疫時代，遠距工作的彈性選項增加所帶來的好處，將流向原本就過得比較好的那些人。

在家工作對每個人代表的意義各不相同，這裡也存在同階級之內的動態變化，它與舒適度有關，與根本上的不平等較為無關。住在郊區大房子、年資較長的人，他們有專用的辦公房間和設備，許多人甚至在工作時子女可以全天托育，或是子女已經夠大而無需隨時監看。另一方面，年輕資淺的人則比較可能住在擁擠的公寓或所謂的「簡易房」（starter homes），沒有專用的辦公空間。

不論如何，這種挫敗感造就機會。讓我們可以在家工作的科技，同樣也可以讓我們在公司之外的臨時辦公地點工作。不誇張的說，雖然我看衰共享辦公室「WeWork」，但我對它背後的概念非常支持。空間安排有彈性，適合一個人或是與團隊一起工作，在各個城市都分布據點，這些很像是未來要走的方向。

更多人在家工作——或者說在遠距辦公處上班，這種轉變帶來的次級效應（second-order effect）充滿吸引力。當你不需要住在大城市，這些城市會變成什麼樣子？這是值得觀察的趨勢，不過我還沒準備要為城市寫下死亡宣告。四十年前，預測城市的死亡還是件流行的事，但城市依舊風光，而且並不是因為人們為了工作必須住在裡面。年輕人把城市又迎回來，是因為他們想和其他年輕人彼此住得近一點，能接觸到文化和娛樂。事實上，這種吸引人的魅力如此之強大，搶手的程度讓年輕人——話說回來，他們正是挽救城市的那一代人的子女——無法再負擔在紐約市等大城市裡生活。最好的情況是，我們見到一些中年專業人士從城市搬出，到綠意盎然，有名校在附近的迷人鄉間，讓二十幾歲的年輕人回到紐約的「村子」（the Village）[5]。

「品牌時代」讓位給「產品時代」

在我創辦第一家公司「先知」（Prophet）時，我們四處奔波，向全球五百大企業傳教，宣揚公司如果想提供超過市場水平的獲利能力，就必須發展出夠吸引人的品牌認同，之後還要把這個品牌標誌當成一個宗教，讓公司的所有行動和投資都符合這個身分認同。達成這個任務的方法，就是透過廣告傳播這股神奇力量。

從二次世界大戰結束到Google問世之前，決定股東價值的「流氓演算法」很簡單——創造合於一般水準、大量生產的產品，為它注入一些無形的聯想；接著，透過廉價的廣電媒體來鞏固這些聯想，這些媒體每天平均占據美國人五小時的時間。「品牌時代」

從令人喘不過氣的製造業手中奪下指揮棒，麥肯錫、高盛、宏盟這類公司為欣欣向榮的服務經濟打造勞動力和基礎設施。品牌時代創造出廣告大師、行銷部門、以及行銷長的職務，並且讓黑頭車絡繹不絕出沒在維亞康姆（Viacom）和康泰納仕（Condé Nast）等媒體集團的總部。這套演算法在平庸的產品（美國汽車、淡啤酒、廉價食物）裡頭注入情感，為利害關係人創造數萬億美元的價值。柯達時刻[6]和「教世界唱歌」[7]讓人們對無生命的產品所產生的情緒反應，轉化成完全不合理的利潤。

那時，唐・德雷柏（Don Draper）[8]過著風光得意的生活；廣告業讓四十幾歲的創意人染一頭白髮、戴著酷酷的眼鏡，扮演起二十世紀下半葉的彌賽亞。廣告業把品牌帶入了洗衣機和小貨車的製造商。品牌是新型的「精靈之粉」，讓尋常商人得以享受非比尋常的生活。即便是產品毫無特色，只要信奉廣告，人們仍可得到不容侵犯的利潤做為福報。

我靠這一套說教也過著愜意的生活。然後——網際網路來了。

我在二〇二〇年賣掉了Prophet的股份。我開始厭惡起服務業。在服務業要成功，取決於理念的溝通和發展關係的能力，我喜歡前者但鄙視後者——它是為了錢去管理同事和結交朋友。服務業是娼妓，再扣掉尊嚴。假如你要花許多的時間跟不是你家人的人們共進晚餐，這代表你賣的是某種粗俗的東西。

我很幸運脫了身。品牌時代也終於來到尾聲。它不是某個特定的時間點，而是一連串相互影響的機緣湊巧：Google、臉書，再加上把財富從廣告中解放出來的科技。如果你想標出品牌時代何時結束，你可能做得不如 Tivo。數位錄放影機 Tivo 創立的時間恰如其分，就在二十世紀即將結束的最後幾個月，它讓有多餘可支配收入的人們可以用來交換更有價值的東西——他們的時間。只要你擁有一台 Tivo，只消一點點耐心和事前的計畫，你就可以不用再看到廣告。廣告成了只有窮人和科技文盲才需要繳付的稅金。

正如 Tivo 提供我們預覽沒有廣告的世界（或至少對負擔得起的人而言是如此），同

5 譯注：紐約市曼哈頓的格林威治村（Greenwich Village），自六〇年代的反文化運動（counterculture movement）以來，就是年輕人聚居，藝術風尚與流行文化的重鎮。

6 譯注：柯達公司曾推出一系列「柯達時刻」（Kodak moments）的廣告，鼓勵消費者利用柯達的底片記錄生命的珍貴時刻。

7 譯注：I'd Like to Teach the World Sing (In Perfect Harmony) 由可口可樂公司在七〇年代推出，是幾乎所有美國人都耳熟能詳的廣告歌曲。

8 譯注：唐．德雷柏是美國盛極一時的電視劇《廣告狂人》（*Mad Men*）的主角，故事背景設在六〇年代的紐約廣告業。

樣的，其他許多比過去好用得多的新產品也隨後出現，它們好到叫人難置信的地步（像是Google相對於分類廣告，Kayak相對於旅行社，Spotify相對於CD）。它們播放電視劇《繼承》（*Succession*）時，不會每十分鐘就打斷一次。

如果說Tivo標誌著從品牌時代轉移到產品時代的開始，那麼二〇二〇年夏天，品牌時代就真正結束了。喬治・佛洛伊德（George Floyd）的遇害和隨後的示威抗議短暫取代疫情，成為全美最關注的議題，同時也突顯出廣告時代走入歷史。每家品牌公司似乎都做了和往常一樣的事——每當美國社會裡亟欲隱藏的黑暗罪惡公諸於世，這些公司便召集它們的代言人，並在網路上貼激勵人心的文字、動人的影像、以及加上代表哀悼的黑框。它要說的訊息是：我們在乎。不過這一次，它並未引發共鳴。品牌魔法這回失靈了。

一開始是社群媒體，接下來是報紙和電視晚間新聞，社運活動人士和消費者開始運用新時代的工具，來比對這些公司精心打造的品牌訊息和公司實際的營運。「這是你嗎？」成了推特（Twitter）上揭穿品牌魔法的哏圖（meme）。發貼文對黑人賦權表達「支持」的公司，它們過去的所言與所行一旦有出入就會被逐一點名。NFL（國家美式足球聯盟）宣稱它讚揚示威活動，網路上的回應則是民權運動家柯林・卡佩尼克（Colin

Kaepernick）單膝下跪的照片，底下加注文字：「這是你嗎？」萊雅（L'Oréal）一貼文說「勇於發言是有價值的」，網友噓它的方式是貼出三年前勇於表達反種族主義的模特兒被萊雅取消演出的新聞。各品牌表演性質的「覺醒」顯得言不由衷且空洞。體制性的種族主義是嚴肅的議題，光是在電視劇《蒙面歌手》（*The Masked Singer*）裡排三十秒鐘的廣告，並不能證明你認真看待體制性的種族主義。在過去，廣告對任何議題都是萬靈丹，但是隨著社群媒體的出現以及網路取得資料的簡單容易，公司的假意關心越來越行不通。

歡迎來到產品時代

無庸置疑，對社會議題表達口頭支持是品牌經營者的附帶工作，但是數位工具的發展同時也在損害它們的核心業務。在品牌時代，剛到一個新城市的有錢旅人會吩咐他的司機送至麗思酒店（Ritz），因為這是他認識的品牌。然而，在產品時代，這位有價值的消費者一下飛機先查自己的手機，她知道麗思酒店才剛翻新過，評論者認為它的房價太高，於是她透過眾籌推薦改選一家位在時髦地段的精品酒店。

在這場轉變中的輸家，是在品牌時代裡為打造品牌廣告提供平台的媒體公司，以及憑藉創意製作這些廣告的廣告代理商。如果你的謀生方式是靠得獎的廣告文案和演技精湛的演員，用三十秒的時間把情感連接到產品，你大概不希望未來變這般模樣。二十年前，Levi's 牛仔褲公司找了三個外部顧問參加它們的董事會：其中兩位是經典廣告大師李．克勞（Lee Clow）和耐哲．博格（Nigel Bogle），以及品牌策略家——在下我。可以不難看出，創意和廣告對這家公司有多重要。從 Levi's 之後，我參加過的董事會恐怕不下一五〇場，我想我應該沒聽過任何一個主管會詢問廣告代理商對任何事的想法。它們的時代已經過去。

景氣黯淡的時候，必然意味著在廣告預算會縮水，一開始這影響到線上和傳統的賽局參與者。在喬治．佛洛伊德死後的一個月，Google 和臉書上

臉書、Google 和其他老牌企業的股市表現

2015 年 8 月至 2020 年 8 月

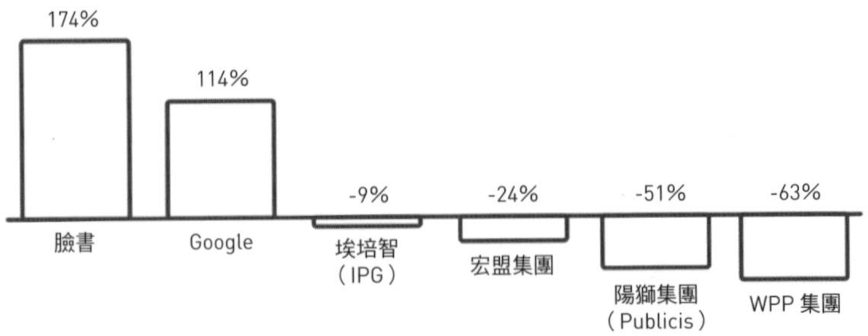

資料來源：Analysis of Seeking Alpha Data

的檢索詞和廣告量下跌20%。不過傳統媒體萎縮得更加厲害，觸底反彈的過程也會同樣慘烈。因為當錢潮重新回流，它只會流向產品時代的廣告媒體公司，而不是品牌時代的那些廣告老兵。Google和臉書這對雙巨頭在數位廣告市場的占比，在二〇二一年預估會達到61%。

二〇一二年我曾為四季飯店（Four Seasons）工作。這是一間很棒的公司——一群好人、加拿大人（此句純屬多餘）。在金融海嘯期間，這家豪華酒店品牌不得不停止所有的印刷廣告，因為平均每間客房的營收減少25%。當需求重新回籠，一件怪事發生了：少了印刷廣告行銷似乎沒有什麼差別。把這個現象再乘上一百萬倍，就是未來即將要發生的事——全球各地數以千計最大型的廣告公司會把這套節省開支的作法用在電視廣播媒體上（業務減少30～50%），趁機戒除老習慣，並且絕不再回頭。

兩家最大的廣播電台公司：iHeart Radio和Culumus Media，很可能在二〇二一年夏天（再次）提出破產申請。電台廣告在二〇二〇年預估下滑14%。Covid-19在美國的致死率是0.5～1%；在美國的媒體產業，公司淘汰率則是它的十倍以上。當臉書和Google加速人員招聘的同時，康泰納仕和維亞康姆這些公司正在放無薪假或資遣員工。怎麼認出在新聞集團（News Corp）、時代華納、以及康泰納仕裡頭最優秀的人？很簡單，這些人很快就會到Google上班。

打擊更嚴重的是臉書或Google之外的數位行銷公司。BuzzFeed和Yelp在二〇二〇年的展示型廣告（display ads）比起二〇一九年衰退40～70％，如今已送入加護病房。Vox、HuffPo以及Vice也會跟進。有一些或許能撐過去，只有一些。

紅與藍

有兩種基本的商業模式。**第一種，**公司可以用高於製造成本的價格把東西

2019冠狀病毒疫情前vs 2019冠狀病毒疫情後的美國廣告支出預測（2020年）

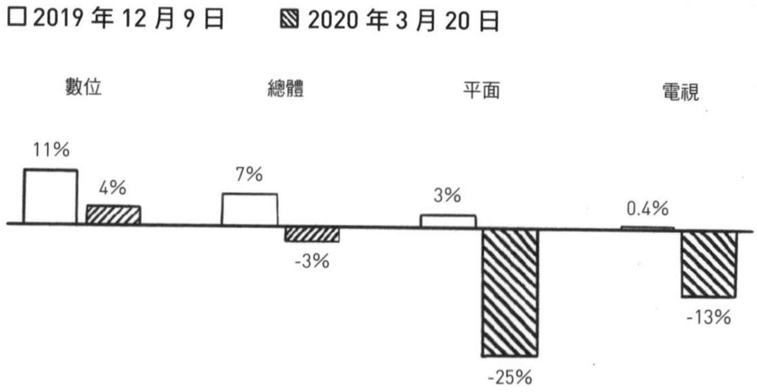

資料來源：Magna Global

賣出去。蘋果公司拿價值約四百美元的電路和玻璃材料，以巧妙的廣告手段灌注社會地位和吸引異性的魅力，再用一千兩百美元的價格把 iPhone 賣給我。**第二種**，公司的產品可以免費送人，或以低於成本的價格賣出去——然後跟取用產品的其他公司收費，這裡產品指的是：消費者的行為數據。例如：NBC電視公司雇了傑瑞・史菲德（Jerry Seinfeld）來編寫電視節目，在貌似消毒版曼哈頓的洛杉磯片場裡拍幾十集的節目，然後把電波發送出去，免費供所有的訂戶收看。不過每八分鐘，NBC就會用幾分鐘廣告打斷機智的插科打諢，並且向廣告商收費，他們才是真正的客戶。至於產品，毫無疑問，就是你。

有些公司結合了二者。美式足球職業聯盟NFL有大約三分之一的營收來自第一種模式：比賽時賣門票給球迷，並銷售球衣和其他印了NFL商標的各式商品。此外，有約三分之二的營收來自把球迷的取用權賣給廣告商，包括價值五百萬美元的超級盃廣告、以及比賽場地上貼了企業商標的每一小塊可用空間。

不過，隨著我們進入以技術為基礎的經濟模式，第二種商業模式也變得更加有利可圖，但也更讓人忐忑不安。在廣告掛帥的往昔，我們只需要放棄一點時間和專注力，就可以換得由廣告商買單的免費服務。但是當消費者關係上了網路之後，原本照理是免費提供服務的公司突然拿到一堆我們的資料——關於我們看些什麼東西、在哪裡購物、跟誰說話、吃些什麼、住在哪裡。而這些公司拿這些數據從我們身上賺更多的錢。**過去我們用我們的時間交易價值，如今我們用我們的隱私來交易價值。**

不只如此，收集數據的公司越來越善於利用這些數據來取得更多關於我們的數據和時間。NBC一次只能播送一個節目給我們，它必須盡其所能，設計出一整個星期節目的安排組合，以捕捉到最有價值的觀眾群，好賣給它的廣告商。但是，臉書可以客製化它的節目給每個「廣告關注資源單位」（advertising attention resource unit，白話解釋是：人們），維持他們在螢幕上不斷點擊，也為臉書的廣告機器產生更多的商品清單。

產業循著這條分際線一分為二將益發明顯。在行動科技方面，我們已經看到這個現象。相對於iOS系統的優秀產品，安卓系統（android）提供你廉價或無前期費用的另一種選擇，但你的數據和隱私必須有些犧牲；相對之下iOS這個品質更精良、品牌打造更好的產品，它的前期費用較昂貴，不過在後段支出則少得多。安卓手機每天向使用者收集一千兩百個數據點（data points），傳回Google數據挖掘的母艦。iPhone手機擷取兩百個，同時，蘋果不厭其煩強調它的數據不是用於謀利。蘋果執行長庫克（Tim Cook）在二〇一八年說過：「事實上，如果拿我們的消費者來變現，如果把我們消費者當成產品，我們早就賺翻了。是我們選擇不要這麼做。」

整個世界岔分成安卓和 iOS 兩條路。安卓的使用者是以隱私交易價值的芸芸大眾；iOS 則是享受隱私和地位的有錢人，以砸下含稅一二四九美元的費用（超過匈牙利人一個月的平均家庭收入）來換取價值四四三美元（製造一台 iPhone 的成本）的感應器和晶片組。

你可以在 YouTube 上得到免費的影視娛樂，不過它的內容是個大雜燴，照理說幫你分門別類的演算法，會把你推導到任何會吸引你興趣的內容。除非你是個現代聖人，否則十之八九你會收到一些煽動、挑釁的內容，不管是陰謀論、暴力、或是政治的極端觀點。Google 追蹤你的觀看紀錄，把它連接到它所知其他關於你的任何東西（東西可不少），然後利用所有這些數據把廣告賣給你、和你相關的眾多群組。

另一方面，Netflix 的運作採用「藍色」／ iOS 的模式：你付費，你得到內容；你是客戶，內容很精彩。相對之下，YouTube 雖免費卻品質較差——只要不介意它的數據挖掘，以及你的小孩子有可能變成白人種族至上者。

隨著這兩種模式更加互不相容，我們可預期分野會更加嚴重。NFL可以同時在兩個模式中運作，是因為它的廣告營收並不會損害到門票和商品的營收流。不過，對蘋果這類的公司而言，情況並非如此。庫克向我們承諾蘋果不會用我們的數據套利。他說：「隱私是基本人權。」不過蘋果每年收取一二〇億美元，讓Google做為iOS預設的搜尋引擎。蘋果可能終究會和Google分手，儘管這讓它們一年少賺一二〇億美元，還要再花數十億來打造或是購買自己的搜尋引擎。蘋果無法像Google一樣靠搜尋大賺錢，因為如此一來庫克就變成說謊的騙子，不過蘋果少了Google仍能存活下去，就如同它們能夠在《晨間直播秀》（*The Morning Show*）每一集花一千五百萬美元讓我們收看《風雲女郎》（*Murphy Brown*），它們自然有能力推出一個具Google八成水準的搜尋引擎供消費者使用。它們鐵軌都有了。但我知道，你可能會覺得它們應該先搞定地圖。好主意。

社群媒體的紅與藍

到目前為止，社群媒體處理「數據vs.隱私」的方式清一色都是「紅派」。免費的服務，大量榨取——有時用的甚至是我們不理解的方式。二〇二〇年六月，TikTok被揭露它每隔幾秒就掃描使用者的剪貼簿，甚至連它的app只在背景運作時也照掃不誤。這家公司已經承諾停止這種作法（在它的動作被iOS的新安全系統抓個正著之後），但是，如果你在二〇二〇年夏天前使用過TikTok，應該可以認定從你開始使用這個app之後，所有複製貼上你手機裡的內容，都已經儲存於中國列在你名下的數據庫裡。使用臉書或許不會讓你的個人數據被上傳到中國共產黨的數據雲裡，但是從臉書過去保護使用者隱私的不良紀錄來看，這不過是因為中國人喊價輸給了一個烏克蘭青少年，這個年輕人靠著比特幣發了大財，還試圖要推倒一個民主體制。

對一些身處賽局的參與者而言，如果想成為社群媒體裡的iOS，如今存在著無窮機會。想捕捉人數較少但較具價值的觀眾，由「紅」轉「藍」，最有機會的應屬推特。推特一直嘗試用紅色／安卓的處方，但並不是很管用。儘管它的管理階層堅持賠錢打造「憤怒機器」以充分利用它的用戶，但它的用戶們反倒利用推特來打造自己的品牌和事業。現在應該是推特轉換到藍色／iOS這一邊、開始按價值來收費的時候了。推特並不具有在廣告模式裡的競爭規模，而且它的廣告工具也有些落伍。

經過一位勇敢（又英俊！）的紐約大學史登商學院行銷教授幾個月的公開遊說之後，推特終於在二〇二〇年七月宣布它要對可能的訂閱模式「進行研究」，令市場大為振奮。儘管在同一份營收報告裡，推特承認廣告營收下跌23%，但它的股價還是上漲10%。如果推特能有個全職的執行長[9]，它們做出這個結論的時間應該會縮短一半。

我還可以幫推特再節省下一年「研究」訂閱模式的時間。訂閱費用應該根據追蹤的人數而定，假如 @kyliejenner 每一個推播的推文可以賺到四十三萬美元，她每個月將付一萬美元來維持她的營收流；至於 @karaswisher（擁有一三〇萬個追蹤者），我相信她一個月應該付二五〇美元。少於兩千個追蹤者的認證帳號則可以繼續免費使用推特，以維持它的群聚效應。

光是Ｂ２Ｂ（企業對企業）的市場就很巨大，因為推特已經取代了公關公司、新聞機構、以及資訊檢索（ＩＲ）的公司。每個月花兩千美元，宣傳自己的SaaS（軟體即服務）／瘦身／生酮飲食／藥用大麻新產品，有哪家公司會不願意？推特在進入訂閱模式後，或許會衝擊40%的短期營收，不過在二十四個月後股價將翻漲三倍。

走向垂直式的市場將鞏固訂閱的產品。推特應該收購幾個殘餘的獨立媒體產業，像是李氏媒體（Lee）、麥克拉奇（McClatchy）、康泰納仕、赫斯特（Hearst）等等，或是它們的部分資產。

訂閱模式提供了免費的禮物——身分的辨認。人們掛上了自己的姓名和聲譽時，表現就不至於那麼糟糕。以廣告支撐的平台提供機器人和俄羅斯人作怪的誘因，也給一些缺乏價值但有煽動性的想法提供養分。憤怒感就等於參與度，它會轉化成更多的日產汽車廣告。還記得 Netflix 或 LinkedIn 什麼時候曾讓你暴跳如雷嗎？沒有，應該是推特或臉書。

此外，推特的廣告收入不佳還帶來額外好處。轉移到訂閱模式帶來的營收衝擊和臉書相比會顯得微不足道，因為臉書靠用戶變現的比例較推特高出許多。推特在轉型階段可以留住不少的廣告收入，甚至可採用某種混合模式，以清除原來90%的有害致癌物。

當推特以半個執行長的效率構想這個模式，同時微軟應該以 LinkedIn 的副品牌來推出它們自己的微網誌平台。如果說媒體是尼古丁（有致癮性），廣告就是害我們致癌

9 編按：多爾西（Jack Dorsey）同時擔任推特和 Square Inc. 兩家公司的執行長。

的東西（菸草），假如你對這個說法有疑問，可以看看過去十年來最成功的媒體公司：Google、臉書、Netflix和LinkedIn。有兩家正在撕裂我們的社會，另外兩家——呃，沒有。差別在哪裡？臉書和Google是以憤怒感做為參與的模式，Netflix和LinkedIn則是靠訂閱模式來推動（請注意：LinkedIn有大約20％的營收來自於廣告）。

LinkedIn很像是有品味的推特，它的貼文供應一堆豐富的連結和有趣的發現，但不提供無用的卡路里——像是推送不實特斯拉訊息的機器人帳號、死亡與性侵威脅、以及反施打疫苗人士。LInkedIn是大家期待臉書和推特有天成為的社群媒體平台。

搜尋引擎的紅與藍，以及其他

搜尋引擎也一直是紅色的，但是藍色的搜尋引擎即將登場。蘋果專有的iOS搜尋勢不可當，你可以期待蘋果很快就會買下DuckDuckGo，或是推出它們自己的搜尋引擎。除此之外，Google廣告部門的前主管斯里達爾・拉瑪斯瓦米（Sridhar Ramaswamy）不久之前推出Neeva，這是採用訂閱模式的Google新對手。在這家公司的網站上，最先列出的幾個連結之一是《人權宣言》：「你的資訊是屬於你所有。」只要你願意為它付費。

Neeva 認識到，Google 的軟成本（soft costs）可能給反 Google 的對手們製造出一些空間。

同樣的，過去十年來最創新的公司也抓住亞馬遜剝削它的客戶（第三方零售商）的機會。Shopify 的價值主張很簡單有力：我們是你的合夥人。你可以掌控自己的數據、品牌、以及消費者的監護權。所謂品牌打造，是打造可變現的善意的一門學問。目前有許多創新是利用惡意去變現，以亞馬遜的情況為例，它濫用權力的程度如此誇張，恰也創造出無比龐大的機會。Shopify 如今的價值，已經相當於波音和空中巴士的總和。

我們可以預期，越來越多的產業會出現這種紅藍分野的融合。從航空業到速食業，一些低成本的賽局參與者將充分利用消費者的數據，把省下來的錢用在它們的「廣告資源單位」上頭——抱歉，我的意思就是「消費者」。至於頂級的參賽者，則會高舉保護隱私的藍色大旗，藉由不濫用消費者的數據而收取優渥的利潤。

第二章 四巨頭

從二〇二〇年三月到七月，Covid-19造成超過五十萬人死亡，其中超過十五萬人在美國。封城意味著前所未見的防堵病毒措施，但是封鎖後造成的經濟衰退，甚至可能引發經濟大蕭條，幾十間家喻戶曉的老牌公司申請破產。失業率在二〇二〇年四月增加三倍，創下前所未有的紀錄。

然而，同樣在這五個月的時間裡，九家主要的科技公司市值增加**一・九兆美元**。這可不是尋常的五個月，而是近百年來經歷過情況最嚴峻的連續五個月。這些科技公司並不是可望從全球疫情大爆發中得利的製藥或醫療相關企業，其中幾家公司，特別是亞馬遜和Netflix，確實在封城措施中出現獲利提升的誘因，但是它們也無法於經濟趨緩或萎縮的無情逆風中置身事外。同樣的道理，線上購物的增加讓PayPal和Shopify這些公司獲利，但是人們要購物，需要的是錢、工作、以及樂觀精神——在疫情籠罩下這些都是稀少的東西。此外，究竟是什麼情況，讓一家製造高端汽車的公司，可以在企業關門、旅遊業緊縮的時刻賺大錢？同時，這也不單純是中央銀行的動作、或某種新出現的金融工具，使得股市表現和經濟現實各走各的路。

我們正在見證的，是美國企業中一個子集合的宰制權興起。在第一章，我提到股市復甦的有限範圍，以及它何以大部分要歸因於大型企業。不過故事還沒完。即使同樣是大公司，仍有一個類別鶴立雞群：大型科技公司。

去掉一些科技業龍頭公司之後，主要股市指數在二〇二〇年中其實是**下跌**。在科技股之外，眾多美國資本主義的雄獅也都被拔了爪：埃克森美孚（Exxon Mobil）、可口可樂、摩根大通（JPMorgan Chase）、波音（Boeing）、迪士尼（Disney）以及3M公司，它們半年的股價約下跌30%，市值損失總計將近五千億美元。

在疫情中只有一個產業睥睨群雄：大型科技公司。從Netflix到Shopify這些科技巨頭，到與科技相關的特斯拉，個個表現非凡。這類產業裡的龍頭大哥，是我稱之為「四巨頭」（the Four）的亞馬遜、蘋果、臉書、Google，再加上微軟。這五家公司在二〇二〇年上半年股市成長了24%，總計市值**增長**超過一．一兆美元。到了八月中，它們從年初到現在的這段時間獲利成長47%，達二．三兆美元。它們總和的獲利創下前所未見的

公司市值的成長

2020 年 3 月 2 日到 7 月 31 日

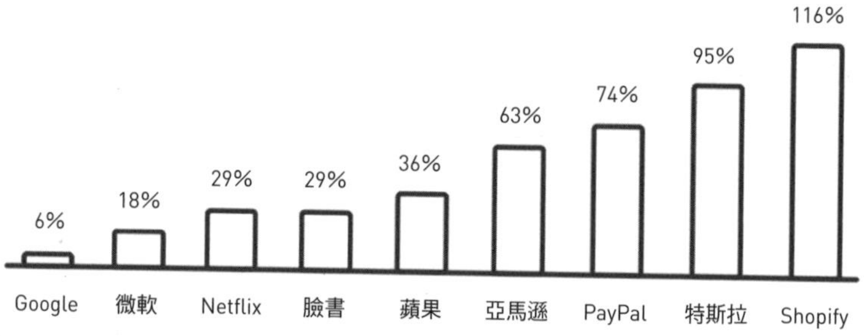

資料來源：Analysis of Seeking Alpha Data

股價指數比較：標普 500 中的五大公司 vs 標普 500 整體

2020 年 1 月到 7 月

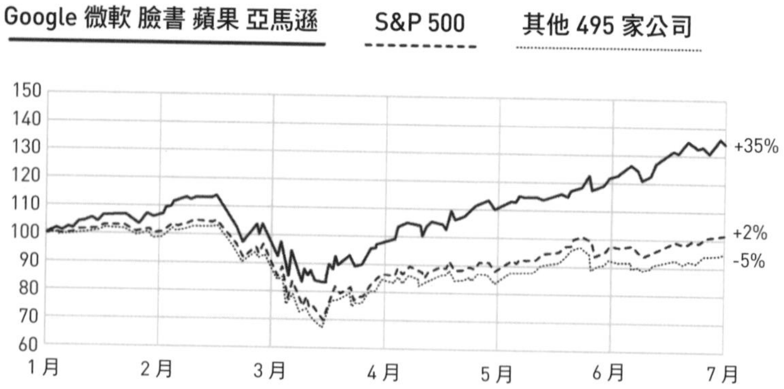

資料來源：Factset，高盛全球投資研究

紀錄。**這五家公司，占了美國所有公開上市公司市值的21%。**

結論是：這是大型科技公司的世界。我們就生活在其中。科技巨頭的宰制不是意外。我在二〇一七年寫過一本書《四騎士主宰的未來》，我也不是第一個或最後一個指出這一點的人。而且，通常這類的觀察都會附帶一句警語：凡事有起有落。這些公司的快速崛起必然意味著它們的股價裡有些泡沫，一旦曲終人散，下跌的速度就會像升起時一樣快。

並不會。

疫情接管了這個趨勢，而且和其他大部分的事情一樣，我們的生活和我們的經濟被少數科技公司宰制的情況越來越嚴重——甚至一下子加速了十年。很大一部分原因和我在前一章提到的動態變化有關：市場以前所未有的方式獎勵贏家。大型科技公司中的贏家得到的獎勵又更加巨大，因為它們的優勢比其他人更加顯著，對四巨頭而言更是如此。以微軟和 Netflix 為首的其他幾個公司，分享四巨頭的部分優勢。下面我們就來看看，它們怎樣把一個世界性的危機變成大好機會，取得更大、更強、更多的宰制力。

巨頭的力量／壟斷的演算法／特色化

人們常問我持有哪些股票。我的投資建議很簡單：我只投資不受約制的獨占寡頭。照理說它們不該存在，不過美國的反托拉斯法是在蒸汽機時代寫的，它的法令執行被視若無物。科技業的巨頭們是二十一世紀版的洛克菲勒（John D. Rockefeller）和卡內基（Andrew Carnegie），現在看來也沒有打擊寡頭壟斷的老羅斯福（Teddy Roosevelt）可以駕馭它們。至少在我們眼中是如此——薇斯塔格[10]，你是我的英雄啊！

這些大公司是怎麼做到的？演算法如下：創新，混淆事實，大撈特撈。

科技的獨占事業建立在創新上：亞馬遜構想出賣東西便宜又快速送到你手上的一千種招數；蘋果製造比其他人都好得多的手機，它們接下來十年就忙著控告公然剽竊的競爭者；Google了解到超連結的運用是搜尋引擎的關鍵所在；臉書則把社群媒體變成社群網絡系統。這些公司都比其他人更早一步見到曙光，隨後全力向前衝刺。

一旦它們到達寬闊平坦之地，它們的注意力便轉移到保護自己的優勢。守住一個市場要比開創新市場容易多了。它們怎麼做？它們混淆事實。它們使用流行術語，頌揚創辦人英明遠見的炫麗宣傳影片，隱藏自己在市場中的獨占地位；同時，在華府的K街[11]撒大錢進行政治遊說和公關操作。它們讓CNBC俯首聽命，看待司法部如煩人的小弟。藉著這一切，混淆它們早已不是新創事業窮小子的事實，它們的核心事業創造的現金流源源不絕，因為它們幾乎遇不到像樣的對手。過去，當一家公司接管一個產業，我們會說它是獨占事業，反托拉斯警察會進來打斷派對，把人抓走。但大型科技公司這些獨占的寡頭們卻打敗了體制。

成功抗拒市場力量的正常限制之後，它們利用優勢地位，享受自己大撈特撈而來的果實。這些企業的核心是一個飛輪（flywheel），在物理學裡，飛輪是個旋轉的圓盤，它利用自己的旋轉動能儲存能量，然後把這個能量傳導到附近的引擎。以企業來說，隨著

10 譯注：薇絲塔格（Margrethe Vestager）是丹麥的政治人物，在擔任歐盟執委會主管市場競爭的執委期間，曾對Google、蘋果、亞馬遜、臉書、高通、俄羅斯天然氣等多家跨國公司展開調查、罰款、和法律訴訟。她被形容是「富裕世界最有權勢的反托拉斯官員」和「全世界最有名的監管員」。

11 譯注：K街（K Street）是美國首府華盛頓的主要街道，有眾多智庫、遊說公司和倡議團體。如今「K街」幾乎已成了美國華府遊說行業的代稱。

飛輪的旋轉，輸入（input）——也就是成本——不需增加，但輸出（output）——也就是營收——卻不斷增加。Amazon Prime 就是個終極飛輪，它吸引想購買多樣產品又能快速交貨的購物者，這些購物者同時也能享受 Amazon Prime Video 這類服務的好處，又增加他們對 Prime 的黏著度、以及花在平台上的時間。沃爾瑪會推出 Walmart+ 的服務與它相抗衡也就不足為怪了。唯一讓人覺得奇怪的應該是，沃爾瑪為什麼要想這麼久。

一旦有了獨占市場，企業的飛輪也開始轉動。網路效應、低廉的資金需求、對創辦者偶像化的崇拜、加上疲弱不管用的美國司法部與聯邦貿易委員會，導致寡頭獨占時代的出現。在這個時代，瘋狂賺錢的產業（手機、數位行銷、酬賓方案、雲端、尤達娃娃）可以創造令人咋舌的價值（在此稱為「反物質」，antimatter），於是整個產業都變成「廉價招攬品」[12]（在此稱「特色」），用來區隔和保護這個反物質[13]。例如 Netscape（網景）曾是史上成長最快速的軟體公司，在微軟開始用 Office 包裹 I E 瀏覽器之後，它就從「反物質」變成了「特色」。

四巨頭並不是唯一有飛輪的公司。當沃爾瑪在二〇一六年以三十三億美元收購 Jet.com，我就曾說這是筆糟糕的交易，我說它是「對中年危機的沃爾瑪進行三十五億美元的植髮手術」。對 Jet 這家公司而言，我說的並沒錯——沃爾瑪在二〇二〇年五月宣布關閉 Jet。不過就沃爾瑪的收購而言，我說的不對，因為它大大增加沃爾瑪在線上銷售的百分比。而且，市場看重線上銷售業務的程度遠高於實體店，因為線上是產業成長的所在，數據的所在，也就是未來的所在。光是靠收購 Jet，沃爾瑪的線上營業額就從 6%成長到 16%。儘管單獨來看，Jet.com 不大像有三十億美元的價值，但是它對沃爾瑪卻值三十億美元。同時，市場的眼光也證實正確。在收購的當時，沃爾瑪的電子商務成長趨緩，但是經過交易並由 Jet.com 創辦人兼執行長馬克・羅爾（Marc Lore）負責全部的電子商務業務之後，線上業務成長 176%。同時沃爾瑪的股價也成長了近一倍。

12 譯注：廉價招攬品（loss leader）是在商品訂價策略上常用的手段，是為達到促銷目的而刻意把商品價格訂得比成本還低，藉低價吸引顧客購買其他商品來增加利潤。

13 譯注：在物理學上，反物質一旦與物質相遇，就會轉化為光並立即釋放出巨大的能量，並且消失。作者這裡是比喻例如網景（Netscape）也曾經是點石成金的「非物質」，被微軟收購之後它成了 Office 作業系統這個「反物質」裡的一個「特色」功能。

現在全是科技業了

科技與特色化的力量正在改變一切。「科技業」過去的狹隘定義是製造電腦軟硬體的公司，讓「其他」產業的公司買來使用。即使在 .com 時代，我們能辨認出具破壞性的創新者，我們也只是把它們當成「其他」產業的新參與者。例如：Pet.com 仍是寵物店，只不過是線上的；Broadcast.com 仍是廣播電台，只不過是線上的；E-Trade 仍是證券經紀商，只不過是線上的。

亞馬遜仍是書店，只不過是線上的。

但它不是，後來我們發現完全不是這樣。亞馬遜過去是、現在是、未來也永遠是個科技公司。貝佐斯（Jeff Bezos）一開始就知道，科技公司很快就不會只為其他公司打造科技的基礎設施。相反的，科技公司會自己涉足這些事業。

在二〇〇〇年代，我們開始見證貝佐斯的願景逐步成為現實。亞馬遜從書籍擴展到一般商品，到電影和電視節目，到日用雜貨、消費性電子產品，再到雲運算服務。同樣的，Google 也派送電影，製造家庭自動化設備、手機和醫療產品。蘋果的手機如此成功，公司甚至把「電腦」兩個字從公司名稱中移除，如今它開始製作電視節目。

從外表來看，Airbnb、Uber、Compass 以及 Lemonade 這些公司，看起來像是房屋租賃、搭車服務、房地產商和保險公司。不過實際上它們都是科技公司，差別只在於它們選擇運用科技去對應的產業不相同。

它們如何做到這一點？部分原因在於更好的科技——線上關係的經營、演算法以及數據——不管對哪個行業都管用。不管製作的是什麼物件，只要一開始就建基在線上並以數據推動，都可以做得更多、賣得更便宜，並以更好的利潤賣出更多。不過，老早想通這一點並且獲得資金的公司（四巨頭——亞馬遜、蘋果、臉書和 Google）如今還多一個強大的優勢：規模。透過它們較低的資金成本、獨占力量以及海量規模，它們正驅趕每個企業都朝科技邁進。

四巨頭的擴張無處不在

再多舉一些例子。第一，派送服務。亞馬遜已經決定要包攬派送業務。於是，過去它是一項產業（派送業），現在是一個特色（Amazon Prime）。貝佐斯只要用上幾十億美元和一隊工程師，就能讓聯邦快遞（FedEx）很不好過。這至少應該要是場公平決鬥，但貝佐斯的決鬥卻一點都不公平，他帶領一個觸及全美82％家庭的線上零售業，包辦從二手書商Bucks4Books到精品店Gucci的所有電子商務，每分鐘創造一千七百萬美元的銷售額。

而且，他用這股市場支配力瞄準了聯邦快遞。

亞馬遜做起聯邦快遞的本業，比聯邦快遞還更在行：它的準時派送比率更佳，收費（派送在亞馬遜銷售的第三方貨品）比較低，同時亞馬遜為了拉大領先而持續投資，在更多的市場上從事更多項目的當日運送服務。聯邦快遞的股東們在奈特．沙馬蘭[14]式的惡夢中被嚇醒，投資人們夢到的不是死人，而是箭頭旁邊掛著笑臉商標、亞馬遜的賓士Sprinter廂型貨車，它們無處不在，它們就像德式坦克，對戰聯邦快遞貨車組成的白紫騎兵。戰場上將有許多來自聯邦快遞充滿英雄氣概的戰呼，以及越來越多死亡的惡臭。（沒辦法，我就喜歡二次大戰的譬喻）。

另一個例子是：可穿戴式裝置。

蘋果主宰著可穿戴式裝置，這個品項已經存在了千百年，只不過我們不知道它有這個名字。主宰的勢力有多大？蘋果從五年前推出之後，如今是手錶業最大的賽局參與者——足足是主要對手的四倍。

蘋果在服務業和可穿戴事業成長的能力說明了庫克在管理的精明之處——這家公司如今有接近一半的營收來自iPhone之外的業務。光是蘋果的可穿戴式裝置（Apple Watch手錶、AirPods耳機和子公司Beats）在二〇一九年就創造超過兩百億美元的營收，比麥當勞還要多；如果它的擴展順利——而且看來大有可為（要是聯邦貿易委員會或司法部還管用就好了）——光它的市值就可望躋身全球二十大公司之一。不過，儘管庫克如此聰明絕頂，強尼·艾夫（Jony Ive）過去設計玻璃方框如此了得（操作核心競爭力的手段真是沒得比），要是你以為這就是蘋果賣出兩百億美元手錶和耳機的祕訣，那你根本沒注意聽。**它靠的是飛輪**。勞力士（Rolex）製作漂亮的手錶，但是我口袋裡少了可以和它連線的勞力士手機；博士音響（Bose）製作了不起的耳機，但是它沒有五百座品牌聖殿（商店）讓消費者可以置身於全世界最潮的人群中試戴產品。恭喜，可穿戴式裝置，你現在是科技了。

---

14 譯注：奈特·沙馬蘭（M. Night Shyamalan）是印度裔美國電影製片、編劇、導演，以拍攝驚悚靈異電影知名。最具代表性的作品是《靈異第六感》（一九九九年）。

在美國家庭的占比

2020 年

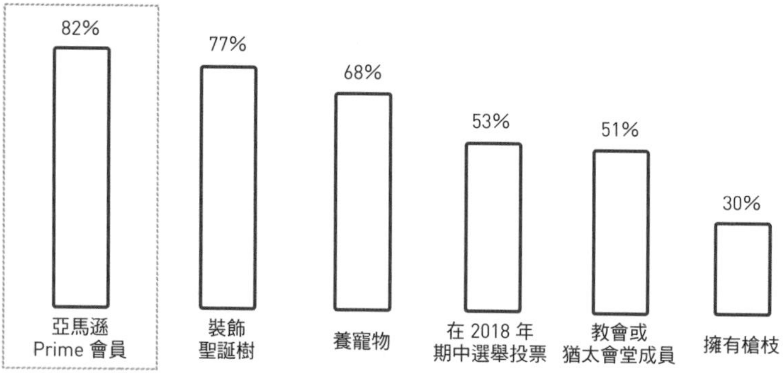

資料來源：消費情報研究夥伴、耶誕樹協會、美國選舉預測、人口普查局、皮尤研究中心

2019 年企業營業額

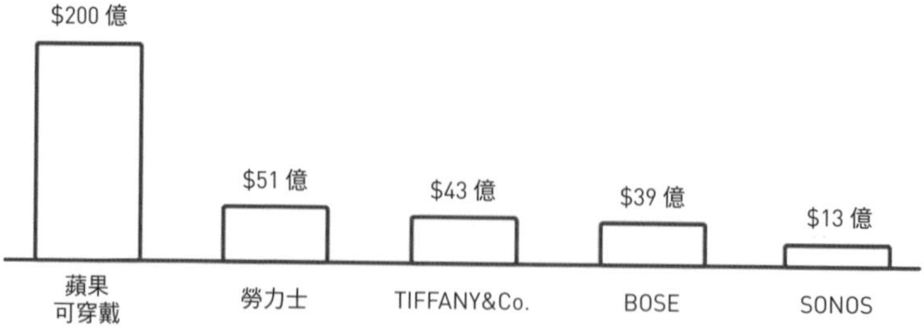

資料來源：公司財報、iMore

四巨頭進軍好萊塢

另一個例子是串流媒體。

華納兄弟公司的共同創辦人傑克・華納（Jack Warner）在一九三〇年代的好萊塢打造一座一三六〇〇平方英呎的喬治時代風格豪宅。在好萊塢的黃金時代，眾多名人都曾經入住，是影視大亨宅邸的原型。如今這座房子在貝佐斯的名下。

科技業對零售業做的事，同樣在媒體業發生。媒體這個多才多藝的產業，有數千億美元的市值和在全世界難出其右的文化影響，它也正在被**特色化**——變成了一個特色項目、一個附件，好拿來賣電池和衛生紙。話雖如此，不容否認，它以前就是這麼做了（例如：百威淡啤酒的廣告）。

串流影音給飛輪增加了動能。電影和娛樂節目能引發強烈的情緒。電子商務和網路公司的淨推薦值（也就是消費者對一家公司的情感連結度）大多是從負分到零分，但是「按需求供

應的串流影音」（SVOD，streaming video on demand）分數則很漂亮。如果你愛看亞馬遜所發行的《邋遢女郎》（*Fleabag*），代表你下次買烤麵包機可能會找亞馬遜，而不是去 Target 或 Williams–Sonoma 的超市。

娛樂媒體的大公司（康卡斯特、AT&T、威訊、福斯、索尼）其市值將讓位給亞馬遜和蘋果。對這兩大科技巨頭而言，媒體並非核心業務，只是飛輪的一部分、一個特色項目。和沃爾瑪相類似的是迪士尼，它是現有市場裡唯一有資產、領導力和股東基礎，可以對賣紙巾和 AirPods 的傢伙反擊的公司。

價值的移轉其實已經開始。從二〇一九年一月到二〇二〇年二月這十三個月期間，蘋果和亞

蘋果與亞馬遜市值 vs 媒體公司市值的變化

2020 年 1 月至 8 月 12 日

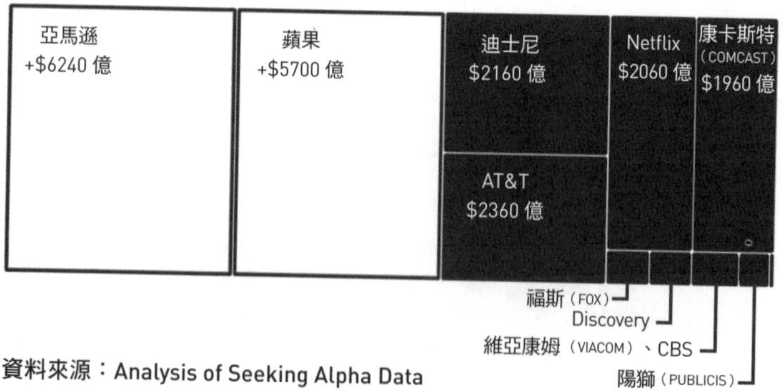

資料來源：Analysis of Seeking Alpha Data

馬遜增加的市值，是迪士尼、AT&T／時代華納、福斯、Netflix、康卡斯特、維亞康姆、米高梅、Discovery和獅門娛樂的**總和**。請把上面這句再讀一遍。

Netflix就踩在這一分為二的鋒刃上的平衡點。到二〇一九年年底為止，Netflix仍是串流影音的領頭者，擁有最好的內容和最好的科技，在訂閱數上具有巨大的先行者優勢，還有名聲響亮的經營管理。而且Netflix目前仍舊是重要的領頭者，或許是亞馬遜之外唯一一家，光憑宏大願景就能說服市場為它們的顧客獲取（customer acquisition）和基礎設施投資奉上空白支票的公司。而且，這家公司也得利於疫情：股價自二〇二〇年一月以來上漲50%，二〇二〇年上半年的訂戶成長了110%，比前一年同期的成長足足增加一倍。如果Netflix以同樣比例增加它的內容預算，到二〇二五年，Netflix花在《怪奇物語》（*Stranger Things*）、《安眠書店》（*You*）、《王冠》（*The Crown*）和其他原創內容的錢，將比美國食物券（SNAP，營養補充援助計畫）的經費還要多。誰說資本主義不管用？

不過，你知道誰會對這些數字無動於衷嗎？住在傑克．華納大宅裡、施打人類成長激素的那位仁兄——貝佐斯，他自備飛輪。還有，庫克也是。Netflix執行長海斯汀（Reed Hastings）也許不輸他們，但是他少了他們的戰略優勢。Netflix可能還需要大力擴充軍備：第一步，它應該收購 Spotify，這是另一個擁有眾多資產、但也存在潛在致命弱點的爭霸者。二者在一起，可以買下 Sonos，有了音樂和影音，再加上它在家庭裡的實存感，有助於對抗 Alexa 和 Siri。這應該能給 Netflix 更多存活發展的空間。

在串流影音領域浮現的其他賽局參與者——Quibi 和 Peacock，有點姍姍來遲了。Peacock 有著複雜的價值主張（例如分層服務），而且 NBC 許多節目在其他平台也看得到。至於 Quibi……看到兩個有聰明商業頭腦的人如此慘敗實在叫人不忍。按照《連線》雜誌（*Wired*）的形容：取笑 Quibi，比看 Quibi 還要有趣多了。這兩者都缺少一個飛輪，也沒有強又有力的價值主張來說服人們下個月應該繼續訂閱。

相較於獨立的事業，媒體已成了一個顧客獲取的載具。因此，有最無縫接軌的管道，能快速切入媒體破口的公司將是贏家。既然四巨頭已經把靜脈注射器連到你的手臂上，為什麼不讓它們再把影音加上去？需要注意的是：傑克·華納——也就是貝佐斯洛杉磯豪宅最初的屋主，在一九四八年曾因反托拉斯法遭美國司法部起訴。

想知道大型科技公司對既有的賽局參與者到底有沒有嚴重威脅，有一個方法是看既有的參賽者是否忘了自己當初的成功之處而開始做傻事。請看 HBO Max 的例子。

電視是明確標誌我們時代的藝術形式。當電影已經開始乏味且容易預測時，誰還想要另一個超級英雄系列續集？電影創意的巔峰就是電視，HBO已變成幾十年來最好的電視：《黑道家族》（*The Sopranos*）、《火線重案組》（*The Wire*）、《六呎風雲》（*Six Feet Under*）、《慾望城市》（*Sex and the City*）、《權力遊戲》（*Game of Thrones*）——HBO根本是無與倫比的天才創意品牌。HBO製作內容的預算中每七千五百萬美元可以拿一座艾美獎；相對之下，亞馬遜是四億美元；蘋果的《晨間直播秀》每一集費用是一千五百萬美元——比HBO製作一集《權力遊戲》的費用還要多。你會比較想看哪一個？真難選。哈，我開玩笑的。

AT&T的執行長史坦基（John Stankey）如何處理AT&T／華納媒體對HBO的收購案？他走進巴黎最耀眼的奧賽博物館，並宣布：「讓我們把它規模化。」HBO就內容而言，曾是最好的奢侈精品品牌，是串流影音中的柏金包；現在它是每個月十五美元的昂貴大雜燴。這費用是Disney+的兩倍、Apple TV+的三倍，沒有人想要每個月花十五美元收看有《生活大爆炸》（*The Big Bang Theory*，或譯《宅男行不行》）的電視套餐方案。而且，彷彿是為了保證推出這個方案就是一團混亂，HBO Max還不能在Roku和

Amazon Fire TV上收看，因為HBO團隊沒辦法搞定與最流行的串流裝置（Roku）的放送合約，但Roku和Amazon Fire TV合計占美國串流影音70%的收視。

誰從HBO的失敗中看到機會？蘋果。這家位於矽谷庫比蒂諾的公司投資六十億美元在Apple TV+的原創、垂直內容，想從HBO手中搶占影音奢侈品的位置。**所謂的奢侈品在於它的精緻度與稀少性**。Apple TV+的重點不在於Apple TV+上面播些什麼，而是它**沒播什麼**。確切一點說，它沒有不是蘋果所製作的節目。當然，《晨間直播秀》並不是《慾望城市》，但當初HBO的《球王經紀》（*Arliss*）也不是。HBO花了幾年的時間加速打造它的原創內容

每座艾美獎的內容費用

2019年

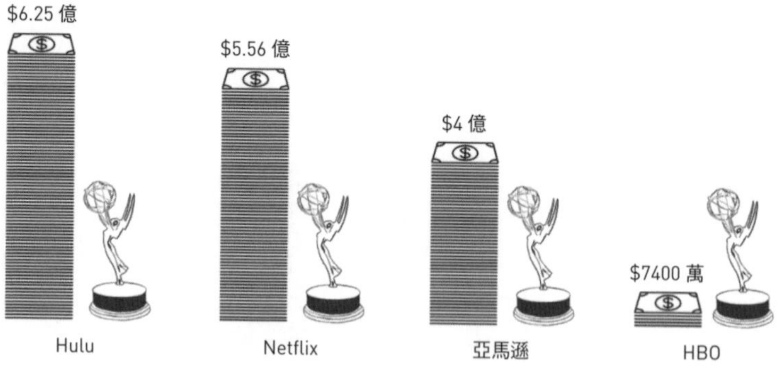

資料來源：Analysis of Observer Data

之後，《慾望城市》（一九九八）和《黑道家族》（一九九九）才讓它成了精品電視節目之王。所以當你好奇蘋果用六十億美元打造內容都打到哪去時，別忘了，第一支 iPhone 手機裡連個 app 都沒有。

科技業越大，問題越大

Covid-19 疫情是大型科技公司不良行為的強力「大規模分心武器」（weapon of mass distraction）。沒有一則新聞能存活超過十二小時，因為疫情再加上全美展現的施政無能，讓其他新聞都變得無足輕重。

不過，不管我們是否關注，不受節制的成長和市場宰制已經衍伸出一大堆問題。無可避免的，沒有太多競爭對手的公司創新能力會下降，它會利用本身的優勢地位來攫取更多獲利和市場占比，而不是去創造更多實際價值。而且為了保護自己的市場位置，他們還會做出扼殺其他人創意的勾當。微軟公司在一九八〇年代和九〇年代權力最頂峰的時期，最惡名昭彰的事就是壓抑外部的創新。公司的第一道防線是所謂的ＦＵＤ：散播關於對手產品的恐懼（fear）、不確定性（uncertainty）和懷疑（doubt）。比如說，暗示對手的產品未經完整測試是否和微軟產品相容，或質疑競爭對手公司的銀彈不足，或是企業銷售代表能想得出的任何批評。此外，微軟還喜歡玩「空氣軟體」的把戲——宣布要推出某個與競爭對手相抗衡的產品或新的特色項目，儘管所謂的這項產品最後只是虛晃一招。還有一個惡劣例子是，微軟在用戶裝設競爭對手的軟體時，會製造假的故障訊息。

如今，大型科技公司的作法對我們的影響更勝以往，因為它們的權力和濫用權力的可能性深入我們的生活和社會。在九〇年代，比爾蓋茲（Bill Gates）可以阻撓的是對手的試算表程式；如今，祖克柏（Mark Zuckerberg）影響的是總統大選結果。臉書不只是像微軟過去一樣，大肆掠奪美國企業的科技預算，它還破壞我們的私人生活和情緒穩定，以及民主制度的健全。

隨著這些公司達到比一九九〇年代微軟公司還要大的規模，它們涉入我們生活的範圍之廣與程度之深，如今成了一種風險。在因為疫情而封城的初期階段，雜貨店的貨架逐漸被清空，亞馬遜的派送業務一飛沖天，我們知道有另一批「大到不能倒」的公司出現。這些公司知道，一旦公司變得「大到不能倒」，冒著超乎比例的風險才是正確的策略，因為賺錢是自己的，賠錢是大家的——他們終究會得到政府的紓困。這種風險的不對稱，讓銀行大膽操作槓桿，差點弄垮全球經濟。於是，大型科技業這個以股東利益出發的策略，輕率的把選舉、青少年憂鬱症、麻疹兒童、青年的思想激進化、工作職位的滅絕等種種問題拋諸腦後。反正這對它們來說似乎毫無壞處。

關於科技巨頭們在散播不滿情緒和激進思想所扮演的角色，已經被廣泛的報導，如今更成為常態。為了利益而罔顧人命更多、更過分的例子時有所聞。事實上，就在我剛完成這本書之後幾天，《BuzzFeed》報導臉書曾收到四五五件的投訴，內容是關於一個武裝組織號召民眾「武裝起來」，對付在威斯康辛州的基諾沙抗議警方槍擊的示威者。儘管臉書收到這麼多的警告——投訴案件占了臉書當天收到的所有抱怨信66%，還經過四個不同內容審查員的審查，但這個明顯有煽動暴力意圖的訊息依舊留在網站上。接著，當兩名基諾沙的示威者在據稱是武裝成員的槍下喪命之後，臉書還出現大批為槍手表達慶賀的哏圖和貼文，一則幫槍手募款的貼文還被分享超過一萬七千次。在這件事發生之前的一個星期，一份新的調查報告發現，臉書「主動推播」否認猶太大屠殺的內容，以及臉書官方承認它曾經准許數以千計支持「匿名者Q」（QAnon）的專頁和社團在臉書上肆虐，儘管如NBC新聞報導所描述的，「匿名者Q」這個組織涉及「暴力、犯罪事件，包括劫持火車、綁架、警匪追逐、謀殺等案件」。

看來，科技巨頭公司似乎很少顧慮到它們的產品設計和政策決定可能帶來什麼影響。或者，它們有想過，但是在知情的狀況下為了己身利益而犧牲公眾福祉。正因為公司的規範沒能認知到規模的外部成本，才會出現劍橋分析（Cambridge Analytica）的醜聞和YouTube裡煽動年輕人加入激進組織的影片。假如有人問「我們當初是否思考過會出這種事？」或者說，當有人對「怎麼做才能把每日活躍用戶數從一千萬增加到兩億？」這個重大問題提出答案時，也許有人想要出聲阻撓，這個人應該馬上就會被流放至「不適任員工的荒島」。如果公司有機會市值超越美國汽車業、成為新時代的賈伯斯、受邀在史丹佛商學院演講、沐浴在美國人對財富和創新的偶像崇拜中——任憑誰都很難抗拒這種誘惑。

起身反抗四巨頭

要反抗這股成長趨勢並不容易——當企業變得如此強大，個人甚或公司幾乎都無能為力。這應該是政府要負責的角色，偏偏科技巨頭和大眾輿論站在一起，還有數以百計的政治說客，而且它們的前進腳步讓監管人員難以跟上。**藉著燃煤動力的亮光寫出的法律，對數位化的寡頭公司起不了作用**。傳統的反托拉斯原則，焦點是放在定價對消費者帶來的傷害：定價低是好的，定價高則是壞的。這種框架並不適用於沒有跟客戶收費的公司，像是Google或臉書，也不適用於定價低得毫不留情的亞馬遜（以及蘋果的Apple TV+），但無論如何，它們都限制了競爭，並且以高定價之外的方式傷害消費者。除此之外，現行的一般反托拉斯框架，也處理不了這些企業以低成本獲取大量資金來鞏固市場和擊潰競爭對手的獨特能力。

同樣的，我們的內容監管制度也是在平面媒體和廣播通訊的時代發展出來的。美國憲法第一條修正案保護的言論自由，是美國民主制度的奠基石，但並不是絕對不容動搖。毀謗、號召暴力、破壞保密協議、以及政府的祕密行動一直有所限制，商業宣傳也受到規範。不過我們發展這些規範的時代，書本還是靠印刷出來一本一本賣，電子媒體還是靠電波發送出去。如今，任何人都可能觸及到數以百萬的觀眾，而行為者透過精巧設計，可以傳送數以百萬計客製化打造的訊息給有各自特定習慣癖好的群體，讓他們成為極可能被鎖定說服的目標。正如人們常說的，**言論自由並不是隨手可及的自由**。精良巧妙的自動廣告受眾演算法（Custom Audience algorithm）可能對民主程序造成很大的傷害，因為虛假或誤導的廣告可以只鎖定特定容易打動的選民，而不提供給有能力評估並公開批判這些廣告的廣大受眾。接下來會出現的是深偽技術（deep fake，極為寫實但是偽造的影像，讓人誤信某人真的做過某事或說過某些話）以及其他製造假新聞的工具，它們會更進一步撕裂國家。

公眾與媒體已出現從這些威脅中覺醒的跡象，儘管前方的路仍險峻崎嶇。二〇二〇年夏天，美國眾議院反托拉斯小組委員會因傳喚四巨頭的執行長出席其中一場公聽會，而躍上頭條新聞。包括我在內的許多人都認為，這可能只是故作姿態，不過事實證明小組委員會顯然有備而來，而且委員會多數的成員認真設法要約束這些科技的巨獸。

委員會主席西奇里尼（David Cicilline）眾議員在開場時，揭示了數位反托拉斯的願景，他把重點放在科技巨頭的數據和範圍。小組委員會並不準備追查更多信息，而是表明態度並測試他們想要催生的立法和反托拉斯的司法行動。

帶動攻勢的是眾議員賈爾帕爾（Pramila Jayapal）。她帶著這些公司的內部文件、小組委員會的調查證詞、以及主持正義的熱情全力出擊。政治人物在這類聽證會上常占不了上風，但是賈爾帕爾過去就展現過充分的才華，曾坐在相反的位子上為自家公司違反競爭原則的作法向國會提出答辯——幸好，她很早以前就決定以國家做為她服務的對象。她的第一個提問，是針對來自她選區的選民貝佐斯，她迫使貝佐斯承認亞馬遜很可能誤用第三方賣家的數據。在處理完這位世界首富之後，她把炮口瞄準第三號人物祖克柏，一連串的問題猛轟讓祖克柏灰頭土臉；她依據的主要是祖克柏自己的電子郵件，裡頭透露臉書毫不遮掩的仿造競爭對手的產品。

外界廣泛報導，美國聯邦貿易委員會可能要對 Google 提出反托拉斯訴訟，如果國會能夠凝聚意志通過擴充版的反托拉斯監管法令，後續可望出現更多對這些科技巨頭的類似訴訟。

我們不應該繼續把科技巨頭的拆分當成是對它們做錯事的**懲罰**，或是認為這些科技業的領導者是壞人。企業主管應盡其所能提升股東們的價值，這是他們的工作，而且當公司成長到夠大，阻礙競爭和善用權力是為確保股東們短期獲利的好方法，所以這是主管該做的事。我們把這些公司拆分，是為了維持市場的競爭性，這是讓成長的經濟體更加循規蹈矩的「流氓應用程式」（gangster app）。如此一來，其他的市場參賽者得以有更多的選項，它們必須因此……呃，表現得更好一點。

反托拉斯不過是政府處理科技巨頭危險權力的工具之一。由於它有助與培養競爭環境，所以可能是最全面有效的工具。不過，我們可能還需要其他監管工具，來控制大型科技公司對我們私人數據的濫用，以及不斷推送假訊息和製造分裂的內容。這問題比表面看起來還要更加棘手，因為監管規範可能產生非預期的後果：嚴格的汙染和勞工法律，可能迫使產業移往境外有最低標準的環境或勞工規範的地方。數十年成功防止森林野火，會導致可燃物的堆積，觸發更具有毀滅性的大火。這裡最大的一個風險區在於，用來管控大公司的監管措施，可能最後反讓大公司得利，因為它們是唯一擁有資源可以發展內部的法規遵循部門和制度的公司。

目前有關科技內容（像是臉書的貼文、推特貼文、以及Google的搜尋結果）的監管制度主要是由所謂的「第二三〇條」（Section 230）所規範。第二三〇條保護線上平台不因用戶在平台的貼文而負法律責任，這項保護規定是網路做為溝通媒介得以成長的重要關鍵。不過，這項保護措施卻也延伸保護了一些危險的內容。近來有許多呼籲要求重新修訂第二三〇條，不過修法後的內容應該如何，目前仍未有共識。

國會近期修改第二三〇條保護範圍的動作，凸顯更動規範如果過於拙劣可能導致的風險。國會所擔心的是，在 Craigslist 和 Backpage.com 這類網站上蓬勃發展的成人色情服務項目廣告，因為許多這類廣告實際上賣的是性販運受害者的廣告。因此在二〇一八年，國會通過所謂的 FOSTA–SESTA[15]，這項法案限制第二三〇條對於性販售內容的保護。從法案進行討論開始，就出現一些反對的聲浪，其中許多是來自科技業者，它們警告這種作法只會讓性販售朝地下化發展，讓它更加難以防範，同時還抑制合法的、有價值的商業活動和線上通訊。科技界的龍頭企業一開始也採取反對態度，不過在草案朝它們滿意的方向修改之後，臉書為這個法案強力背書，法案也正式通過。

15 譯注：FOSTA 全稱為「Allow States and Victims to Fight Online Sex Trafficking Act，讓各州與受害者對抗網路性販運法案」；SESTA 全稱為「Stop Enabling Sex Traffickers Act，停止容許性販運法案」。

某個程度上，這是個失敗的法案。一如預期，性工作的倡議者提到他們被迫回到街頭，走入陰暗處，讓性工作變得更危險而不穩定。此外，幾乎沒有證據顯示修法對人口販售有抑制作用。在 FOSTA–SESTA 法案**通過之前**，聯邦幹員就關閉了 Backpage.com 網頁，他們用的是完全有效、專門用來對付性販售犯罪的既有法律。新法最明顯的錯誤在於，這項立法衝擊公平競爭的精神，導致眾多小型約會網站關門大吉，因為它們擔心自己因違法行為惹上官司。但是，在國會通過法律不久之後，臉書（它的大力支持，是法案通過的關鍵）就推出自己的約會平台。

大數字的詛咒

每家科技巨頭企業都必須用明示或暗示的方式，向投資人保證在未來五年內有合理機會讓它們的股價翻倍。不然投資人可能轉而去買 Zoom、檸檬茶（Lemonade）、或別的「破壞性創新」的公司。隨著市值的增加，大型科技公司的胃口越來越難以滿足，就像布萊德・彼特被迫吃人肉，因為老鼠已經無法止他的渴——記得這部電影嗎？蒼白的臉還有醜陋髮型……[16]。

而且，靜止不動，彷彿朦朧夢境。

Google和臉書可能奪走廣播電台和印刷產業最後剩餘的營收，但是它們一覺醒來照樣覺得肚子空空。如果想在二十四～三十六個月的時間內獲得更多營收，好符合投資人的期待，那在未來五年內「四巨頭」需要增加近一兆美元的營收。這得靠進軍新的市場，並且彼此互通有無。光靠兔子肉無法餵飽一座城市，你得進行大規模的狩獵。它們要去哪裡找這麼多獵物？

16 譯注：這裡說的是電影《夜訪吸血鬼》（*Interview with the Vampire*），布萊德・彼特在裡面飾演吸血鬼的角色。

美國營業額前六大產業

2020 年　單位：10 億美元

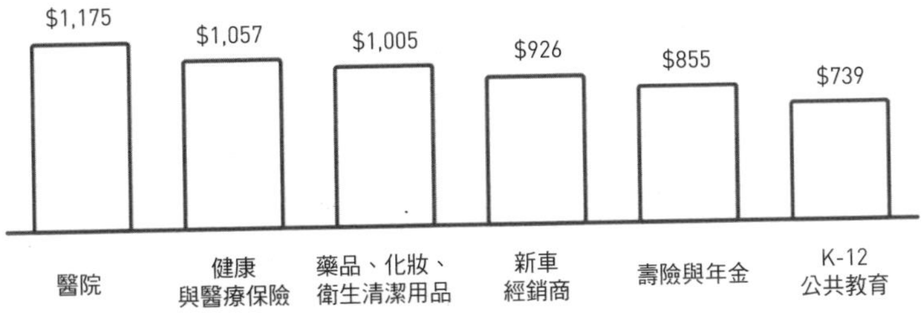

資料來源：IBIS World

亞馬遜

亞馬遜的核心競爭力在於願景和故事行銷。貝佐斯在其他人仍難以想像的時候，就擁有把所有東西都放到線上賣的願景。更了不起的能耐是，貝佐斯和他的團隊完成前所未有的任務——他們說服投資人不要期待短、中期的獲利。大部分公司每隔三個月、在當季盈利報告時就會重新評估公司的獲利，但是貝佐斯卻控制投資人「帕夫洛夫式」（Pavlovian）的制約機制，以願景和成長來取代獲利。做出這種決策的關鍵人物是公司財務長柯維（Joy Covey），他明白，預測未來最好的方法就是創造未來，創造未來最好的方法則是取得廉價的資本，以其他人無法企及的巨大投資推動未來前進。結果就是打造了公司的「護城河」，讓公司獲得更廉價的資本……如此不斷反覆延續。大部分公司尋求以最低廉的成本來創造競爭優勢，亞馬遜尋求的則是需要巨量投資的永續優勢。

因封鎖措施（如零售店歇業，或人們擔心出門）最明顯受益的是——驚喜！——負責把零售商品送到你家的公司。此外，另一個被許多媒體忽視的事實是，隨著人們花更多時間在網路上，亞馬遜也是重要的受益者，這歸功於亞馬遜市值達四百億美元的亞馬遜網路服務部門。說老實話，美國聯邦政府發送一千兩百美元的刺激經濟支票計畫（stimulus check program）應該稱作「亞馬遜股東支援法案」。即使在股東們最瘋狂的夢裡，也設想不出這樣的情境：政府關閉了它們的競爭對手，限制所有人外出，之後又送給消費者幾兆美元的現金。在這種情況下，它們怎麼可能不用競爭對手難以追趕的動能向前飛奔？股民們也會自問，我幹嘛不買亞馬遜？

企業視角下的流行疫情發展是：

▼ 坐困在家

▼ Netflix

▼ 開始厭惡我的配偶

▼ 開始厭惡我的子女

▼ 在三十天內，人們幫貝佐斯付清他的離婚贍養費

貝佐斯的財富在三十天內大概增加了三五〇億美元。在二〇一八年，科技與財經新

聞界熱議誰會是第一個市值達上兆美元的公司，蘋果還是亞馬遜？結果，蘋果以些微差距贏得這場比賽，並在二〇二〇年八月達到兩兆美元的市值。不過，誰將成為第一家三兆美元的公司應該沒有懸念，所有人都準備投降——投資人、政府、消費者全都會押注亞馬遜。亞馬遜，到二〇二三年年底前，將會是第一家市值三兆的公司。

憑藉 Prime、AWS、以及 Marketplace，亞馬遜打造商業史上最巨大的飛輪。它們可以用這個飛輪做什麼？

亞馬遜的「流氓步數」武器之一是把支出線轉為營收線，這是貝佐斯最厲害的把戲之一。和他們所做的許多事一樣，實現它的方法全部有賴於規模化，以及超低成本的資金。它的運作方式如下：首先，一家公司必要、但非核心的業務，營運功能必須非常良好。亞馬遜是一家線上商店，所以它必須有很棒的網路後端，也就是超優異的數據中心。世界級的數據中心對亞馬遜的業務是必要的，但是運作數據中心並不是它們的核心業務。大部分公司在這方面要做得好，多半得付錢請別人來做，這也是企業大師們幾十年來宣揚的道理：專注在你的「核心能力」，把其他的都外包出去。亞馬遜把它翻轉過來：它並沒有付錢找人運作它的數據中心。它充分利用它大型數據中心的容量，以及毫無限制投入資金的能力，打造全世界最好的數據中心管理能力。這是第一步。

第二步，是亞馬遜反過來，把這個核心能力當成一種服務賣給其他的公司。於是AWS誕生了——一個傲視群雄的最大雲服務供應商。相對於零售業起家的亞馬遜，奠基於科技和軟體的公司，如微軟和Google，理應是這個市場的擁有者，但AWS做的生意卻超過這兩家的總和。亞馬遜在倉儲和派送業務也是用同樣的手法，首先是建立在四十八小時內派送數以百萬計產品的能力，接下來，透過Amazon Marketplace提供服務給其

亞馬遜把成本中心轉化成營收推動器

2005 年成本中心	百萬美元		2020 年營收推動器
淨銷售額	$	8,490	
產品成本		6,212	→ amazon basics, amazon publishing, amazon studios
運送成本		239	
毛利	$	2,039	
營運費用			
物流	$	522	→ amazon fulfillment
技術與內容		406	→ AWS
行銷		192	→ amazon marketplace, amazon advertising
支付流程		207	→ amazon pay
雜支與行政		146	→ amazon business
營運收入	$	566	

資料來源：Social Capital

他的零售業。如今亞馬遜有超過20%的營業額來自於Marketplace，支付在過去占亞馬遜2%的成本。於是它們把它轉為研發的費用，然後發展出支付業務Amazon Payments。

亞馬遜在二〇二〇年第二季創造出八九〇億美元的營收，比美國教育部年度的預算還要多（六八〇億美元），這筆錢也足夠終結全球的瘧疾。我們怎麼知道亞馬遜下一步要往哪裡去？很簡單。它最大的支出項目在哪裡？把開支當成是未來要獨立運作部門的投資，這樣的願景是「三兆美元」的正解。

在二〇一七年七月我們就預測，「如果貝佐斯明天宣布：『我們把隔夜派送當成巨大的機會。』那麼DHL、聯邦快遞、以及UPS的一千五百億美元市值就會開始滲流到亞馬遜。」這件事已經發生了。自從亞馬遜在二〇一八年二月推出派送服務之後，聯邦快遞市值流失二五〇億美元（39%），儘管標準普爾指數成長24%，亞馬遜則增加了兩千四百億美元（33%）。不到兩年的時間，亞馬遜掌握美國電子商務派送近五分之一的市場。

自二〇一四年以來，美國電子商務增加了84%，為派送業務創造巨大的機會。但是另一方面，聯邦快遞、UPS、以及美國政府的財富卻轉入亞馬遜。亞馬遜進軍高摩擦、低利潤的事業，並以它做為在低摩擦、高利潤的事業（AWS和AMG）做出市場區隔的工具。

亞馬遜抓住疫情蔓延的機會。在公司二〇二〇年五月季度電話會議裡，貝佐斯開場首先就提醒股東們可能「想坐下來聽聽看」。這個手法他已經重施許多次，每次他讓股東們把口袋裡的肥厚利潤再吐出來，再次投資到公司，用的就是「這一招」。除了Netflix之外，大概沒什麼公司能讓股東忍耐這麼久，為了讓飛機起飛而鋪上長長的跑道。貝佐斯充分運用他跑道的每一呎，好讓他的飛機在空中沒人能追得上。你可以想像一架「雲杉鵝」水上飛機[17]卻有兩倍的音速。

17 譯注：雲杉鵝（Spruce Goose）的正式名稱是休斯H－4大力神（Hughes H-4 Hercules），由美國在二次大戰末期研發，是史上最大型的水上運輸機。

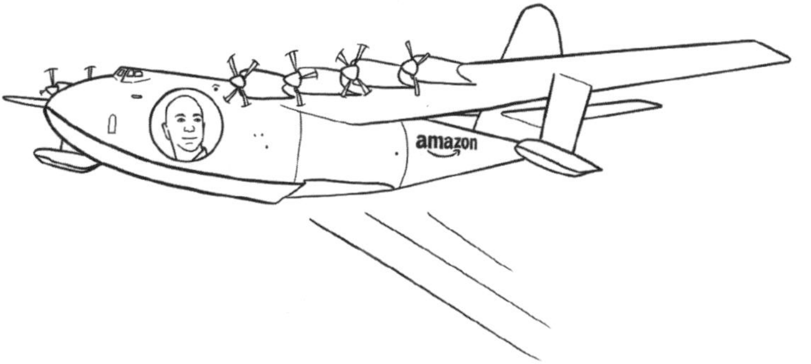

貝佐斯告訴投資人，他們期待的四十億美元獲利，將進行再投資，這筆投資的主題是：Covid-19。更準確來說，貝佐斯擘劃的願景是關於Covid-19的在家檢測、血漿捐贈、PPE（personal protective equipment，個人防護設備）、保持安全距離、額外加給、以及適應新世界的協定。亞馬遜正在開發的，是全球第一個「疫苗接種」的供應鏈。

偉大的經營策略會從市場條件和公司資產間殺出轟轟烈烈的血路。說得更簡單一點，經營策略就是一家公司對底下這個問題的回答：

面對真正困難的事，我們可以怎麼做？

我相信，亞馬遜提供給Prime會員檢測的規模和效率，會讓美國感覺起來像南韓一樣（有能力）。「疫苗接種」供應鏈在盡可能檢測和安全的情況下，將創造更強健且免疫的物流有機體，提供利害關係人可實際感受到的無上價值。

領導力是說服人們努力合作追求共同目標的能力。貝佐斯決定花費幾十億美元來確保供應鏈的安全，源於他成為瘋子／天才之後才清楚看出的願景。

亞馬遜的巨大回報在於衛生醫療產業。在這一方面，流行疫情同樣也加速這家公司朝這個領域前進的必然方向。亞馬遜的一個核心技術是它坐擁大量收集來的數據，它利用這些數據來篩揀事業裡頭較賺錢的部分，把較不吸引人的部分移交出去。亞馬遜有一些業務可以隨著醫療健保業務一同前進，首先最可能的是保險。我們在二〇二〇年七月看到「檸檬茶」首次公開募股（IPO）的耀眼表現，正說明保險領域有著破壞性創新的機會。大致來說，消費者不喜歡也不信任保險公司，而且原因其來有自：它是一個油水飽滿的產業，得利於各州不夠嚴謹的監管制度和盤根錯節的關係網。它肥胖且行動遲緩，自然是企業界頂級掠食者鎖定的獵物。

亞馬遜對自己最死忠的消費者知之甚詳：不論他們吃什麼、是否購買健身器材或電玩遊戲、是否有子女、或者感情關係是否穩定，亞馬遜都一清二楚。從亞馬遜與全食超市（Whole Foods）的購物、亞馬遜禮物卡、以及「用亞馬遜付費」的各種商品中，它取得比任何保險精算師都更加大量的個人化數據。隨著越來越多人參與零工經濟或長期擔任自由工作者，越來越多人必須處理自己的健康保險問題。如果你也是其中一員，你應該不會意外聽到Alexa問你：「你對可以節省25％的健康保險有沒有興趣？」企業的財務長們應該也有機會接到貝佐斯手下的電話推銷，試圖提供公司員工保險的優惠方案。

不過這還只是剛開始而已。亞馬遜不只有應付健保財務成本的理想市場位置，它在減低非財務成本——包括時間、精力、以及焦慮感——的市場位置更好。你的兒子起了疹子，你請 Alexa 幫忙聯絡皮膚科醫生，這位醫生要你把智慧攝影機的鏡頭對著你兒子的手臂。這名醫師或許不是亞馬遜的員工，因為這部分的業務還未形成規模。於是，醫生要負一定百分比的收入給「Prime Health」，我猜亞馬遜大概會把它形容為全世界最健全、最流暢的遠距醫療平台。

亞馬遜身為全世界使用率第二高的搜尋引擎，背後有強大的專家和評鑑支撐，這讓 Prime Health 的會員可即時以較低的價格找到適當的醫師。這個平台與零售平台充分整合，因而提供更加「全方位」的醫療保險。你只需登入，Prime 的皮膚科醫師馬上能取得你的孩子的病歷，因為亞馬遜這家西雅圖公司已經做了必要的投資，讓它的系統可以符合 HIPAA[18] 的規範。Prime Health 同時也會得到孩子身體的 3D 掃描，並透過 Halo——也就是亞馬遜在二〇二〇年八月宣布推出的健康可穿戴裝置——來解讀身體狀態。處方箋隨即被送到亞馬遜所擁有的藥局 PillPack，它透過亞馬遜物流派送類固醇藥膏，然後（在一些大城市裡）一個小時內送達。如果醫生想要驗血，包裹裡也會有家庭用檢測包，可以放尿液採樣試管、DNA拭子（乾脆把它當成 Prime Health 推出的內容一部分好了），以及其他一百種亞馬遜投入數十億美元開發的診療裝置。它們的火力供應（廉價的資本）在它們宣布醫療保險服務的那一天就可以到位，在股市交易當天股值應該會增加超過一千億美元。

這一切並不是新鮮事，至少未來學家和科幻作家們都曾想過。不過資金成本的障礙、法律規範、以及盤根錯節的特殊利益關係，是過去一直解決不了的難題。在幾個星期內，流行疫情卻把它們掃除了。二〇二〇年春季，全美各地的醫生們透過視訊為病人看診，並由聯邦醫療保險（Medicare）和民間保險公司付費——這在幾個星期之前，還需要繁瑣的特別授權才能辦到。醫師們已經在第一線看到了對病患們帶來的好處：約診取消的情況減少了，效率增高了。而且，當然，對科技巨頭來說，沒有所謂籌不出的資本投資。

18 譯注：HIPAA全稱為「健康保險流通與責任法案」（Health Insurance Portability and Accountability Act）。

蘋果

以高品質價格售出低成本的產品，透過實現商場的悖論，蘋果在二〇一四年成了有史以來最獲利的公司。蘋果從科技產業（低利潤、零性感度）一躍成為奢侈品產業（有豐田汽車的產量，卻有著法拉利誇張的高利潤），它擁有 iPhone 這個史上最賺錢的產品，並透過 Apple Store 這個零售業史上每平方英呎價值最高的商店銷售。

不過，要是在幾年前，一場流行疫情應該會讓蘋果四巨頭之一的地位岌岌可危。蘋果在四巨頭之中始終是獨特的存在，因為它是靠製造和銷售實體的物件來獲利。就業趨緩以及經濟前景的憂慮，會讓人買每件東西都更加謹慎斟酌。不過話說回來，如果公司要求消費者一年只做一次決定，或只能在退出或取消時才做決定，它的韌性會強大很多，因為它多半是組合搭售（bundle）的模式，透過減少決定的次數來增加退出的成本。除此之外，公司能夠讓消費者進入「從一而終」的關係（也就是訂閱），消費者的選項往往像是智力測驗而不是購買決定。要推出有經常性收入的搭售組合就必須夠吸引人，必須一開始就有令人難以抗拒的價值主張，這些經常性收入的搭售組合要價昂貴、設計不易，但可長可久。

由於蘋果的營運違反大數法則（the law of big numbers），它大量投資在有經常性收入的產品與服務——iCloud、Apple Music、Apple TV+、Arcade等。在二〇一九年第四季，蘋果的服務營收較前一年同期增加25%，占總營收的23%，也因此蘋果被重新塑造成一家軟體公司，儘管它的收益增加得微乎其微，市值卻成長了一倍，公司的本益比（P／E）在十二個月內成長好幾倍。蘋果的服務部門可以站上「財星五〇〇」（Fortune 500）的第二五八大公司，正好超過日用品連鎖店Bed Bath & Beyond。至於在硬體方面，蘋果把它們的旗艦產品iPhone一次付費的銷售，透過「iPhone升級方案」轉型成每月收費的服務。庫克說，他相信這個模式將有「超乎比例原則的成長」。

我們可能進入了全球經濟延遲趨緩的母體。每個主管團隊都需要探索自己舒適圈的極限，並想像一個營收少了20%，但市值卻需要翻倍的事業。面對營收的持平／下滑，卻要大幅度增加持股人價值，出路只有一個：那就是rundle——這是我創出來的詞，代表「經常性收入搭售組合」（recurring revenue bundle）。

這是在流行疫情之前的策略動作——如今它是流氓步數。它的營收基本上不受到短期疫情的衝擊，也可以掩護核心硬體事業的脆弱處。

庫克和蘋果公司近年來幫自己的另一個大忙，是成功讓蘋果與其他大型科技公司保持距離。很大一部分原因在於它們的商業模式，它是藍的／iOS系統。庫克在二〇一八年一場堪稱史上最有破壞力的執行長專訪裡，更進一步加深對立。當我的播客節目《樞紐》（*Pivot*）的共同主持人卡拉．史威舍（Kara Swisher），在臉書爆發連串隱私醜聞之後提問：「如果你是祖克柏，你會怎麼做？」庫克毫不客氣的回答：「我不會陷入這種情況。」他說蘋果早已決定，不會把他的消費者變成數據挖掘的產品。「對我們而言，隱私是一項人權。」臉書，你可不是甘迺迪[19]，你把事情全搞砸了。

庫克這回可以占據道德高地，是拜公司的商業模式所賜，也因為蘋果是少數僅存的偉大品牌建造者。蘋果再也不需要大眾媒體，它有自己的商店和無償媒體[20]。不過，蘋果這個全世界最強大的消費品牌，仍是一個多管道的行銷者，同時它也認知到，受重創後的傳播媒體成本已經大幅降低，可以讓蘋果（再次）打造無形的商品聯想（它的品牌）。

疫情對蘋果的考驗會是在它的供應鏈——它們能否把新產品送到消費者手上？答案應該是可以。中國、南韓和其他亞洲國家對疫情的有效回應，讓亞馬遜這個可能是全世界第二強大的供應鏈衝擊減到了最低。

Rundle 的思維

蘋果的未來往哪兒走？答案是：持續加碼於協助它安度疫情的經常性收入。唯一比經常性收入更好的東西，是經常性收入的搭售組合，它可以成為一個飛輪。

要不要來個「真正的」飛輪？

健身器材公司派樂騰（Peloton）的騎士們是群瘋子。廣受歡迎的派樂騰會員臉書官

---

19 譯注：「你可不是甘迺迪」（you're no Jack Kennedy）出自一九八八年美國大選辯論民主黨副總統候選人班森（Lloyd Bentsen）的名言。當年僅四十一歲的共和黨的候選人奎爾，拿甘迺迪和自己的從政經歷相比時，班森毫不客氣的回應說：「我認識甘迺迪，我是甘迺迪的朋友。參議員先生，你不是甘迺迪。」這裡作者是諷刺祖克柏別因為少年得志，就自以為和甘迺迪一般雄才大略。

20 譯注：在產品行銷上，公司基本上透過三種形式的媒體接觸消費者。第一種是「付費媒體」，即透過付費的方式來宣傳自我的品牌，例如傳統的看板、傳單、媒體廣告、活動贊助等。第二種是「自媒體」，公司以自行掌控的媒體頻道，例如官方新聞稿、網站、活動網頁來行銷產品和品牌。至於「無償媒體」（earned media）則沒有公司本身的宣傳，經由消費者的口碑、或新聞媒體的主動傳播而達到行銷目的。

方網站有超過三十三萬會員，這個社團每個小時有二十三則貼文，也有很高的互動率。就如 The League 安排常春藤名校學生約會、JDate 連結猶太裔的單身男女、Raya 連結模特兒和社交名流，派樂騰也可以開始連接同樣喜歡健身的單身男女，讓彼此有更多互動，一起騎車和滑動螢幕。

我相信派樂騰的股票已在股市交易廳裡了，因為幾乎沒有別的公司比派樂騰更像是蘋果顯而易見／自然合理的收購對象。蘋果可以用50％溢價償付所有蘋果健身公司的在外流通股，並登記少於2％的稀釋率。收購派樂騰將提供這家全球最有價值的公司一個額外的、也許稍嫌笨重一點的可穿戴裝置，它將比 iPhone 這個史上最賺錢的產品有更高的利潤。這個結盟同時也讓蘋果在唯二能左右這家兩兆美元市值公司的產業類別——醫療保險——由負轉正。（另一個產業類是教育）

二〇一八年，Apple TV+ 據估計會花費十億美元在原創內容上，以打造它預想的串流影音服務。不過到了二〇一九年八月，它們宣布原創內容預算達六十億美元。於是乎，一家科技硬體公司如今投入製作瑞絲・薇絲朋和卓戈卡奧（傑森・摩莫亞）主演的影集，這已經相當於加州分配給加州大學體系下二十三所大學的經費。如果你覺得這聽起來像是活在反烏托邦的破敗未來世界裡，請相信你的直覺。

也由於庫克在好萊塢找到了他的新歡，Apple TV+ 如今以每個月四・九九美元的全原創節目內容而聞名。每個月你花一美元，相對的這家公司一年會花十億美元在內容上（大約和 Netflix 相當）。它們所提供的品質雖然還不能和ＨＢＯ相比，不過全世界最懂得品牌打造的公司知道，不要把《生活大爆炸》硬塞進它們的原創內容裡。蘋果不愧是品牌管理的標竿。

也因此，蘋果站在有利的位置上，可以提供類似於 Amazon Prime 的 rundle。只要每個月付五十美元，我就有最新的「iＸＸ」（管它是ｉ字頭的什麼），可以在一支好手機上啟用無限制的媒體（電視、遊戲、app），每月一百元有更好的手機再加手錶，一五〇元可以參加線上的設計課程、ＵＩ／ＵＸ課程、再加一個 iPeloton。雖然亞馬遜在率先成為三兆美元公司的爭奪戰裡，照樣會打敗蘋果，不過假如 rundle 全力出擊，蘋果達標的日子也不會太遠了。

「廣告狂人」2.0：Google和臉書

四巨頭中，有兩個是在廣告業。傳統上來說，在景氣不佳的時候，廣告是個糟糕的行業——但這次可不一樣。儘管我們看到廣告預算減少了，從時間點來看，它的反彈會讓Google和臉書獲利，它們可以撐過這段低迷時刻；過去二十年來許多站錯邊、被逼到擂台角落的傳統媒體競爭者，則撐不過去。Covid–19對人類的致死率大約在0.5～1%，不過疫情帶給傳統媒體的死亡率可能在10～20%。

這是資產負債表薄弱和投資人失去信心所導致的結果——汰弱留強的戲碼也在其他產業上演。除此之外，人們被迫待在家裡，幫臉書和

數位廣告預算比例分配

2020年

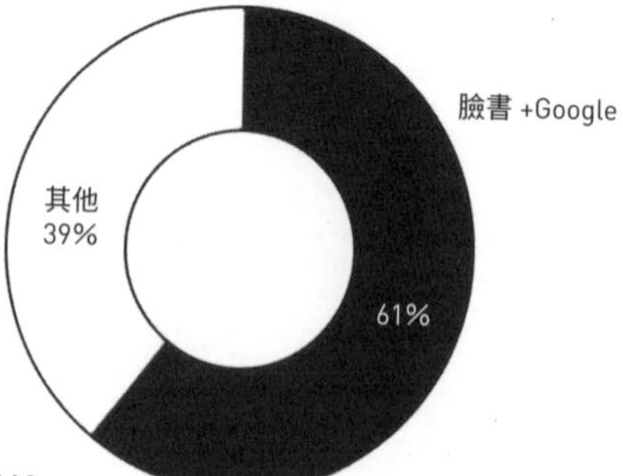

資料來源：eMarketer 2019

Google的廣告廠商增加更多的存貨。沒錯，你就是「存貨」。

除此之外，傳統媒體還面臨另一個挑戰，疫情更加凸顯命運的真相。對廣告商而言，臉書和Google就是比較有效的平台，連最大的廣告商都開始削減在傳統媒體的預算，這個真相越來越清晰分明。人們不會看漏，就是沒有其他平台可以提供像臉書和Google這般的規模和精細度，它們是史上最有效率的廣告載具。擁有八百萬廣告商在上面活動的臉書，則擁有商業史上最有彈性、最能自我修復的顧客群。

廣告商也不至於會懷念傳統媒體，因為傳統媒體廣告最擅長的事——打造大型品牌，在我們告別品牌時代、逐步進入產品時代之後，將變得越來越無關緊要。這裡存在兩重的轉折，因為「品牌」這項資產緩步被侵蝕，所以幾個月下來減少廣告預算也看不出有什麼影響。因此即使仍信奉品牌資產的行銷人員，也很難理直氣壯的把花在傳統媒體的廣告預算，回復到疫情發生前的水平。

臉書和Google的另一個得利處是，人們的注意力被分散了。疫情發生前，這兩家公司經常成為新聞話題，而且都不是什麼好消息。從ISIS招募新血的影帶和YouTube的戀童癖影片，到臉書上的俄羅斯特務與數據竊盜，必須對它們祭出監管手段的呼聲正逐漸高漲。不過，疫情來了。由於病毒檢測、口罩、以及感染率持續盤據新聞焦點，它們左右了政治議題，也讓臉書和Google暫時脫離公眾的關注檢視。然而，它們的商業模式則完好無損，靠著隨疫情而來的陰謀論內容繼續獲利。兩家公司對限制疫情的假訊息都做出了努力，但憤怒和疏離帶動的長串貼文數量仍不見減少。

二〇二〇年夏天，立意良善的廣告商為反擊臉書做出了微弱的抵抗，但在行動開始之前，結果便可以預期。大約一千家的廣告商在七月分公開撤回它們在臉書上的廣告，加入民權團體所籌畫的行動，抗議臉書持續推波仇恨言論和假訊息。另外，有一些主要的廣告商，例如沃爾瑪和寶鹼公司（Procter and Gamble），雖沒有發表公開聲明，但也刪減或取消七月的廣告預算。預算的影響確實出現數字上的變化，但意義並不大——臉書在七月分前三個星期的廣告收入，相較去年同期仍成長10%。祖克柏在公司七月三十日季度報告電話會議上嘲笑這些威脅，他說：「有些人似乎誤以為我們的業務是依靠少數幾家大廣告商。」的確，臉書有超過七百萬個客戶，而前百大客戶只不過占它營收的16%。另一方面，抵制行動反倒給廣告商帶來自傷，它們不只是失去原本在臉書上登廣告可能得到的生意，它們的缺席反倒讓仿冒者和垃圾訊息占據它們遺留下的空間——因為臉書廣告是以拍賣的模式在運作，廣告費越低，售價就越低。分析師麥特・史托勒（Matt Stoller）對一家參與抵制行動的奢侈品牌鞋業公司進行研究，結果發現它們鞋子的仿冒品廣告出現在原本公司廣告會出現的地方。臉書擁有八百萬個廣告商，而且在它的商業模式裡，一家廣告商減少預算等於為其他廣告商創造立即露出的機會，它擁有的是堪稱是商業史上最強健（甚至還是最有能力自我修復）的顧客群。

身為整個獸群裡最巨大的大象，四巨頭取得絕佳位置可度過任何危機，並在雨季重新來臨時繼續蓬勃生長。況且，這場疫情把我們關在家裡盯著螢幕，還讓一堆專業階級有錢卻沒處花，這對於賣螢幕給我們、還在螢幕上主導我們要做什麼的公司而言，根本就算不上是危機。四巨頭原本就一步步晉升到主宰位置，疫情更加速這個趨勢，就如同在其他許多領域的情況一樣。

第三章 其他破壞性創新者

破壞力指數

四巨頭已經做出它們的「光速跳躍」，享受著寡頭／雙寡頭的獨占權力，取得派送的霸權，並藉廉價資本更加鞏固，更難以被挑戰。不過，這是一個巨大的全球經濟體，仍有其他產業決心奮戰。這場疫情同樣也加速這些機會，讓它們奮戰的拳腳更加迅速威猛。

在一個產業裡，破壞性創新的機會可能和一些因素相關——稱之為可破壞指數（disruptability index）。它的關鍵信號，是在價值或創新沒有相伴增加的情況下價格明顯增加，這也被稱為「預收利潤」。最具代表性的，是我個人身處的高等教育產業。想像一下，一個大學的課堂，不管你是十九歲還是九十歲，腦海裡的景象應該都一樣：一間講堂，站在最前面是個年紀較大的人，一群年輕人坐在位子上，授課、筆記、助教……這景象已經一成不變過了四十年、甚至八十年；但是有一件事變化非常劇烈——價格。大學學費在過去四十年已經增加了1400%，這是破壞力的警告信號。

另一個準備出現破壞性創新的產業是醫療衛生。不容否認，醫療衛生在部分品質上有明顯的進步，例如先進的流程、用藥方式、設備。不過，許多結果，像是預期壽命和嬰兒死亡率，並未出現巨幅的提升。對大部分人而言，消費者體驗也沒有改善。在此同時，費用卻有爆炸性的成長。平均涵蓋家庭的醫療保費在過去五年增加22%，過去十年來則增加54%，明顯高出工資或通膨的漲幅。

可破壞性的另一個因素，是消費者對品牌資產的依賴，已經與產品品質、派送方式或支援服務脫離關係。從品牌時代到產品時代的轉變，將侵蝕掉許多二十世紀主導企業曾擁有的競爭優勢。許多公司賣的，基本上是同樣大量生產、平庸水準的產品，但是它們因為歷經幾代在品牌打造上的投資而得以溢價出售。數位科技開啟創新的洪流，幾乎為所有消費類別都帶來差異化，所以如果試圖忽視新創公司所具有更好的材料／成分，以及對新平台、派送或社群的掌控，只一味強調打造品牌，足以說明昔日的霸主——通信控股公司——何以變得幾乎無足輕重。

自 2020 年增加的市值 VS 傳統媒體公司的市值總和

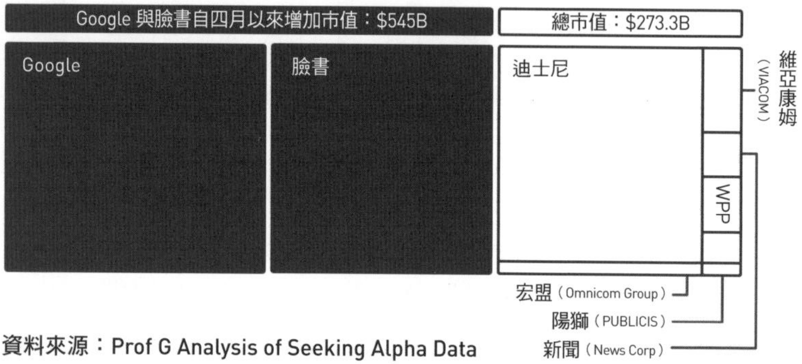

資料來源：Prof G Analysis of Seeking Alpha Data

這裡追加的是消費者所蓄積的怨念。許多公司、產業與消費者之間，在過去衍生出敵對關係，這對保險公司而言可說是再自然不過，因為它的商業模式就是無止境的向消費者收費，同時運用各種資源避免讓消費者拿到好處。儘管它有高尚的使命，並吸引到業界的人才，醫療保險業始終給人觀感不佳。其中很大一部分原因在於，我們對醫療保險的體驗是透過保險公司和保險規範的中介，它製造了需求和照顧之間的障礙。這個產業多半把它營運的核心，集中在保險給付者和醫師／醫療機構的提供者。具破壞性創新的醫療診所，包括 One Medical 和 ZOOM+Care、以及線上藥局 Capsule，則是以消費者／病患為中心。

當既有的賽局參與者為了避免核心產業受威

脅，無法藉技術的改變來改善品質與提升價值，就是產業出現破壞性創新的成熟時機。既有產業即將面臨破壞，其中一個清楚訊號就是假創新（pseudo innovation），意即新增對產品沒有增加實質價值的特色項目：沒有帶來任何優惠或便利性的會員資格、戲院的線上預訂比實際去買票還要麻煩、大學建造奢華的學生宿舍而不是投資在教學資源。這些就是管理團隊明知病人需要手術，卻不想承擔實際費用和痛苦的祖傳療法。

流行疫情暴露出主要創新僅止於價格提升的產業的軟肋，美國醫療保險制度的脆弱就是個國家級悲劇。在這個制度的眾多缺陷中，我們對中央集權式的醫療機構、特別是急救病房的依賴，最可能催化遠距醫療和遠程衛生的大規模創新。

為求生存，企業用難以置信的靈活度擴展或縮減公司各個方面的規模。餐廳過去或許會提供少量的外帶服務，現在則變成優先要務：調整菜單、布置、修改營業時間等。第三方的派送服務包括 Seamless 和 Postmates，在許多方面都填補了需求，同時接管顧客關係，如今更像是掐住餐廳的咽喉。

如果你的公司像家得寶（Home Depot）一樣，已經嫻熟於點擊和集貨，那麼疫情不過是個小路障而不是大隕石。如果你的公司欠缺電子商務競爭力（例如品牌折扣店 TJ

Maxx 和 Marshalls），則已經開始受創，因為相隔十年後的世界（也就是——現在）對於不符水準的「直接面對消費者」模式毫不留情。

獨角獸廚房的熊熊大火

今日的科技「新創公司」往往資金充沛，由專業人員運作，具有充足的資金獲取管道和相當程度的市場接受度，相較於過去多半需要數年甚至數十年的時間，它們可能在幾個月內就成為其產業類別的可怕力量。最近，這些新創公司的典型是由具個人魅力的創辦人所領導，長遠的願景則籠罩在運營者的陰影下。

資本和管理之間始終存在著緊張。不過，我們對創辦人的崇拜似乎已經到達頂峰，這個轉變因疫情而加速。在一九九〇年代的沙丘路[21]，創辦人兼執行長被視為必要之惡——瘋狂、古怪、充滿願景的年輕白種男子，最終由年紀較長、更有經驗的管理人才接手，把公司規模化。

權力隨著資本而來，隨著年紀稍大一點、沒那麼古怪的沙丘路白人男子而來。創辦人的一大禁忌是在創投公司拿到流動資產前，就把自己的公司套現售出。創辦人的股權在被收購或首次公開募股之前是「死的」股權。

我曾經嘗試挑戰規制，在我早期創辦的公司「紅包」（Red Envelope）進行二次發行——我把自己一百萬美元的股票賣給外部投資人，但在二十四個月內公司出現狀況，我不得不再投資那一百萬美元，不然我的主要創投公司紅杉資本（Sequoia Capital）將棄我而去。

不過，在一九九〇年代末和二〇〇〇年代初，權力的鐘擺又盪回創辦人手上。創業家開始被當成公司內部的祕方調醬。為什麼？理由有兩個：比爾．蓋茲和史帝夫．賈伯斯。比爾．蓋茲是第一個能證明，創辦一家公司、再把公司帶到一千億美元市值的可以是同一個人。蓋茲在十四年之間，讓微軟公司成長到六千億美元。

賈伯斯創辦蘋果公司的前五年就讓公司市值達到六千億美元。不過此一時彼一時，

21 譯注：沙丘路（Sand Hill Road）是美國加州矽谷西部的重要幹道，眾多創投基金公司都設立在此。一如「華爾街」是美國股市的代名詞，沙丘路幾乎也成了矽谷創投產業的同義詞。

不久之後他在一九八五年被迫下台，原因是他太古怪、太固執、又太難以捉摸。要標注資訊時代的怪咖，大概沒有人能比得上這位身穿黑色高領衫、告訴人們要找出自己的熱情的執行長。無論如何，賈伯斯確實是個天才，在他之後幾個老成持重的領導人——史柯利、史賓德勒或是埃米里歐——都無法讓公司成長。在賈伯斯重新回到蘋果的二十年後，這家公司的市值增加兩百倍。有了這些明證的支持，創辦人說話變得更有分量，而且隨著科技業的迅猛蓬勃，供需的變化也對它們有利。在一九八五年，矽谷到處是懷抱改變世界想法的天才，但是資金卻難以尋覓。到了二〇〇五年，我們已經造不出那麼多的天才，但是可獲的資金卻開始如

美國創投公司的投資金額

每年的前半年（單位：10 億美元）

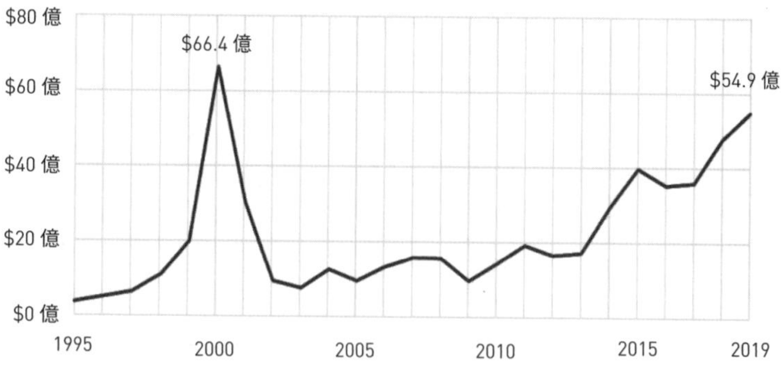

資料來源：Statista

指數般增加。創投公司四處物色可挹注資金的成功創辦人，設計各項包括二次發行、二級股權制、以及其他有利於創辦人的合約內容。

這種情況只會變得更加失衡。那斯達克指數在十年內成長四倍，每個人都想插上一腳，但是人才庫的腳步卻跟不上。市場痛恨有空缺，而且這裡充斥冒牌的預言家，他們設法哄騙大眾，誤信他們就是經濟的下一個救世主——下一個賈伯斯。

另外兩個因素把「創辦人崇拜」的時代推向最高峰。巨量湧入的資金讓公司可以尋求以資金推動成長的策略，也就是說，它們可以賠本買進市場的份額，並藉由廉價資本推動成長，以更高的市值來籌募公司隨後幾輪的資金。利用這些可用的私募資金，公司在公開上市（接受公開市場的檢驗）之前，可以在這個賠錢的旋轉木馬上待得更久。從一九九六年到二〇一六年，美國首次公開募股的數量已經萎縮88%，公司公開上市的時間也花得更久。過去二十年來，平均一家公司公開上市所需的時間已經從三年增加到八年。這兩股力量彼此反饋，而且「願景派」的創辦人收穫頗豐。新創公司中出現一個新物種：獨角獸（unicorn）。

獨角獸登場

在二〇一三年，十億美元的新創公司確實是珍禽異獸，所以創投公司投資人艾琳・李（Aileen Lee）創造「獨角獸」一詞來形容。她找出三十九家這類的公司，並指出它們正以每年四家的速度在增加。如今根據估算，獨角獸的數量大約有四百家，光是二〇一九年一年就誕生四十二頭。

並不是每隻獨角獸都是靠炒作起家，當然有些是奉行「假裝你是，直到你變成真的」（fake it till you make it）的哲學最後達成這個虛名。從涉及犯罪（血液檢測公司 Theranos）、到合意的集體幻覺（共用公共空間 WeWork）、到過度高估的企業（床具公司 Casper）——這些公司依靠的是愛胡亂吹捧的商業媒體、或擔心自己沒搭上車的投資人，以及認定幾輪募資讓公司市值節節高升後將可創造足夠的動能賣出持股、把公司轉手給更有錢的呆子這樣憤世嫉俗的信念。

它們的說法永遠是「這次真的不同」。人們喜歡 WeWork 和 Uber，就如我也愛 Pets.com 和 Urban Fetch。一包六十磅重的狗糧和一品脫的班傑利冰淇淋（Ben & Jerry's）可以用更低的價格購入，並在隔天、甚至一個小時後就送到，應該每個人都會覺得很棒，只有股東除外。公司的價值是由成長和利潤所左右，正如人們在九〇年代做的事一樣，今天許多的獨角獸都運用大量資金達到成長，但是並沒有提出如何達成利潤的價值主張。

疫情在特殊的時間點上找上新創公司。過去從來不曾有過如此多的資金，以及如此多向外拓建、市場定位良好的公司，各種加速的助力正創造無處不在破壞性創新的機會。這次的不同點在於，大多數獨角獸會以某種形式存活下來，但是價值的毀滅可能比以往更巨大，因為它們的價值已經大到非比尋常。

軟銀的一千億美元獨角獸自助餐吧

廉價資本的最主要供應者是軟銀（Softbank），它提供一千億美元的「願景基金」（Vision Fund），在幾個層面都造成破壞性。「願景I」（Vision I）方案自我毀滅的故事，將會是全世界商學院未來幾十年一教再教的案例研究。（聽好了！）它的策略是把資本當策略。更準確的說，資本越多越好，這樣你才會得到交易流，幫助投資的公司飛躍成長，把摸不清頭緒的競爭對手遠遠甩在腦後。軟銀為創業者設計的募資簡報簡單又有吸引力。「你想的不夠大。我們想投資的是你募資計畫的三倍，如果你不和我們交易，我們會把這一大筆的成長荷爾蒙資金注入你最強大的競爭對手身上。」喔，既然如此，好吧。

資金其實是私募股權的武器，只有少數公司能夠用大量的現金流對真正巨大、可靠的資產喊價。不過，創投基金和成長基金的祕密調醬是錯置（dislocation）、即將被顛覆的市場、以及傻到不知道自己可能會失敗的瘋狂天才創辦人。當你手上有一千億美元要拿去策略運用，也就是說你優先考量的是發配大錢投入理念的能力，你的回報就會下跌。這從軟銀的投資組合中明顯可見。

我在紐約大學的同事潘卡吉．葛馬萬（Pankaj Ghemawat）教授發表過一份精彩的研究。研究說明，儘管有流言說「距離已死」，實際上企業和貿易仍與地理位置息息相關。一家零售店的獲利程度，與它和總部的毗鄰程度相關。紅杉資本公司是我第二家公司的主要投資人，董事會上合夥人告訴我，他們重要的法則是：他們不會投資一個合夥人開車到不了的公司。請注意，他們也做過更大規模的募資，因為一級創投基金會在世界各地都進行投資，不過他們多半會開設本地的辦公室。

孫正義（Masayoshi Son）和亞當．紐曼（Adam Neumann）同意在他們相隔十三個時區的兩地之間會面（我猜那是在夏威夷）。和當初日本在一九八〇年代收購美國的電影公司和高球場類似，軟銀最後帶走的日幣會比它們原本帶來的還少。如果你覺得前面這句話讓你感覺有些不舒服，甚至覺得帶有種族歧視（我一開始也會），那你也被感染了我們大學單一文化的「政治正確病毒」。日本確實買了美國的高球場，它們用的貨幣是日圓沒錯。

按照每個我曾募資的投資人的說法（廣通育成[General Catalyst]、Maveron、紅杉、Weston Presidio、摩根、高盛以及其他），創投公司的另一個信條是：**他們不喜歡擔任後續幾輪的主投資人**。好的投資

投資報酬率 VS 與軟銀的距離

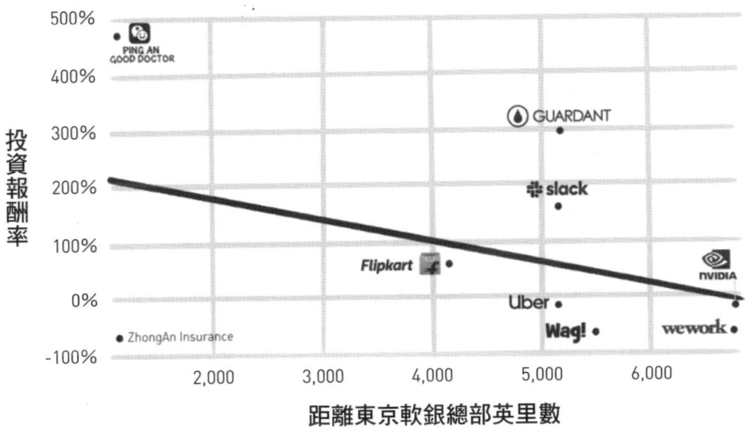

資料來源：Section4

人會抗拒「拿自家的貨來用」（smoke their own supply，也就是連續擔任領頭羊）的誘惑，並要求第三方保持客觀距離，以對一家公司當下的價值進行評估。軟銀自二〇一六年起，在多輪的募資當中，始終是WeWork唯一的主要投資人。

諷刺的是，對資本方真正的傷害是在軟銀員工身上，因為他們擁有「願景I」的普通股股票。沙烏地阿拉伯公共投資基金（Saudi Arabia Public Investment Fund）和穆巴達拉（Mubadala）持有優先股，每年可以獲得7%的優先股回報，吸收了投資組合裡少數贏家的獲利。所以說，當「願景I」染上肺炎，但是掛上呼吸器的是「願

軟銀擔任主要投資人 VS 投資報酬率

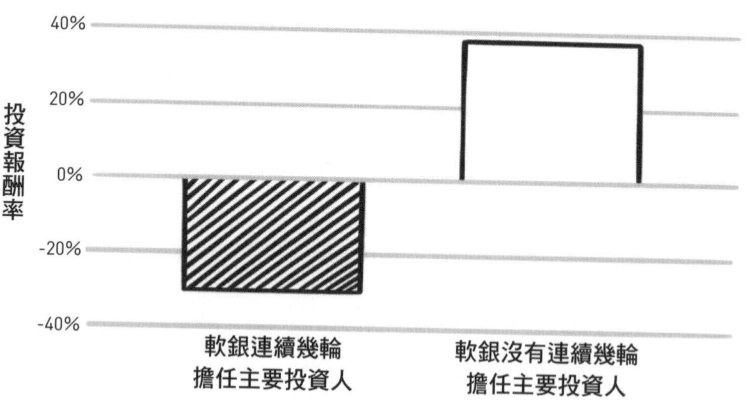

資料來源：Section4

景I」的普通股權益持有人。

取得資金的能力，與找到好投資標的的能力並不相關。好的投資——有潛力發展成數十億美元、且可永續經營大企業的破壞式新創公司——永遠都是稀少之物。對新科技如何解決問題、改善生活有獨到願景的瘋狂創業天才所施展的魔法，再配合腦滿腸肥、安逸度日的市場既存者，才會有捕捉獨角獸的故事。不過，資本是流動的財富，而且資本就和運用它的鯊魚們一樣，必須隨時保持移動，否則便會死去。因此，當好公司似乎都躲回森林裡時，資金會說服自己看到的熊是一隻獨角獸。

瑜珈話術

資金過剩、人才不足，促成「魅力型」創辦人興起的機會。在其他條件相同的情況下，魅力型創辦人就是個資產。他們不只吸引資金，還能吸引好員工，賣得出產品，並在公司面臨危機時發揮個人光環。不過在資金飽滿的環境下，沒有人有時間或興趣去聽取嚴肅的財務分析，或是認真關心新創公司的理念。比較簡單的辦法，就是直接投資個幾億元給那位有一頭長髮、對於長生不老和（比預期更快）解決以巴衝突的方法都胸有成竹的傢伙，因為他「具先見之明」，而我們（也就是資本）「支持的是人，而不是公司」。

魅力型創辦人說的是一種與眾不同的方言：**瑜珈話術**（yogababble）。這是我們專用來形容一家公司在IPO的S-1申報表格上，呈報公司狀況時所使用抽象或帶有靈性聲音的語言。除了照規定列出財務狀況外，公司還會透過企業溝通主管的力量，不斷強化這種瑜珈話術。這對真正的公司而言是一種折磨：根據LinkedIn的統計，在亞馬遜為貝佐斯工作的企業溝通人員（九六九人），要比在《華盛頓郵報》為貝佐斯工作的記者人數還要多（七九八人）。不過它在魅力型創辦人領導、以資金推動成長的公司裡，已經成了核心能力。

當企業還在尋找可行的商業模式時，大言不慚使用瑜珈話術的誘惑就越強大，因為真相（數字、商業模式、稅前息前折舊前攤銷前的利潤）需要一點遮瑕膏。我上MSNBC的電視節目時，他們把一些古怪的凝膠狀底妝裝進接了管子的塑膠瓶裡，叫大家後退，然後（不開玩笑的）朝我頭上、臉上噴，化妝師的神情彷彿是對抗車諾比四號反應爐的最後防線。至於我，看起來蠻上相的——有段時間是如此。但是它就類似於瑜珈話術，遮瑕膏會慢慢失靈。瑜珈話術基本上可以翻譯成「我們很迷人」，而不是「基於底下的理由，這是家穩固牢靠的公司……」。

我們最近看了許多科技公司的S-1表格用語，並對它們胡扯的程度——也就是脫離收支平衡表的基本面，一心想遁入奧祕領域的意願——做出量化的評估。看起來，他們是想要藉調暗燈光來吸引人。接著，我們觀察它們在首次公開發行之後第一年的表現，也就是打開燈光時會出什麼事。我們相信這二者之間存在著逆相關，這或許是對公司表現一個具前瞻性的指標。

瑜珈話術等級：

1分：我是個喜歡狗的行銷學教授。

5分：我是大人物。

10分：我是開啟自我實現的靈魂大人物。

Zoom	
公司使命	讓影音溝通無摩擦
評鑑說明	是正確的。Zoom 是個影音通訊公司。它提供較順暢的服務，這從它淨推薦值（6.2）高於 Webex（6）中看得出來
瑜珈話術等級	1 分
IPO 之後六個月的股價報酬率	+122%

Spotify	
公司使命	開啟人類的創造力潛能，提供一百萬位創意藝術家機會，實現他們的藝術，讓數十億粉絲有機會享受並從這些創作者身上得到啟發
評鑑說明	好吧，多少算是真的。不過我還看不太出來席琳．狄翁怎樣開啟人類的創造力
瑜珈話術等級	5 分
IPO 之後六個月的股價報酬率	+9%

派樂騰	
公司使命	派樂騰以最基本的門檻銷售幸福
評鑑說明	並沒有。和動作片演員查克．羅禮士（Chuck Norris）、名模克莉絲蒂．布琳克莉（Christie Brinkley）、健身教練小東尼（Tony Little）差不多，它賣的就是運動健身器材
瑜珈話術等級	9 分
IPO 之後六個月的股價報酬率	–11%。話雖如此，在第一次公開上市後的前六個月股價大致持平後，派樂騰的股價在疫情期間，隨著人們待在家裡健身而開始起飛

我很了解，自大、成功，再加上救世主情結，會讓你相信，自己在事業上的努力值得擁有一個和你的天才相襯的願景——只要它沒讓你和你的投資人粗心忘了，要打造一個企業體，在不斷擴展的同時還能賺錢，在現實中有多麼困難。當董事會、執行長以及銀行家們把爛攤子留給散戶投資人，這種粗心應該稱之為瀆職。

我的新公司Section4一開始打算「復興中產階級」。我的同事們對我大翻白眼，讓我忍不住懷疑是我十二歲的兒子教他們的。接著我們想成為「『上班不宜觀賞』的商業媒體」或「線上串流的MBA課程」，我們試著想出可行辦法。最後，我告訴董事會，我們募集一群傑出的人才，會用10%的價格提供菁英商學院的行銷與策略選修課，我們將從這裡起步。我終於明白，我們無法給世界帶來歡樂。畢竟我們不是奇波雷墨式捲餅[22]。

22 譯注：奇波雷（Chipotle）的公司口號是「誠信食品」（food with integrity），標榜「吃捲餅也能改變世界」。公司宣稱關心社會責任，要用永續的製作過程提供天然有機的食品。

純種馬與獨角獸

當我們進入二〇二〇年的第四季，創投公司已經籌募到破紀錄的資金，在二〇二〇年上半年短暫（叫人坐立不安的）停滯之後，公司價值似乎再次衝上高點。不過，儘管募資持續進行而且甚至加速，我相信它對市場價值帶來長遠的衝擊。標榜自己是創新者的公司登錄市值，在市場明白真相之後將無以為繼。我的預言清清楚楚：二〇一九年三月的ＳＸＳＷ（西南偏南互動式媒體節），我在廣大觀眾面前預測，特斯拉的股價將從三百美元跌至一百美元以下。不過，它在二〇二〇年初達到四三〇美元；到了八月，每股已經超過兩千美元。看來不管發生什麼事，市場仍有可能繼續高估最近的ＩＰＯ，不過對我而言，這些公司之中有許多價值高得毫無道理。

一家穩固前景、市值兩億美元的公司可能是個好公司，但是當它市值衝到十一億美元，卻可能是個尷尬的存在。Casper 在二〇二〇年二月成為上市公司，它是個好品牌，身處一個正在成長的市場：睡眠經濟。市場上既有的床具公司就像塔倫提諾電影裡的角色一樣——你馬上可以猜到，會有個人拿著短槍闖進來把他們全部制服。Casper 這家公司成功的一個關鍵因素不是在公司本身，而是在現有競爭對手的無能。似乎有數以百計

的人們從相同的夢境裡大夢初醒，除了Casper之外，線上的床墊零售商如今有一七五家。（想想這是什麼狀況）

Casper的數字說明泡沫經濟的一些徵兆：應該在非公開市場交易上的公司卻招搖作態（在它們的招股說明書中提到「科技」不下一百次），叫大家暫時擱置懷疑，好等到創辦人、創投公司、銀行家賣掉股票，領到薪水為止。在這裡，「瑜珈話術」同樣扮演耀眼的主角：「我們相信，我們是理解睡眠經濟、並為睡眠經濟提供全方位服務的第一家公司。」

不過，如果評估它的財務報告，會發現它並不是全方位，也沒有特別讓人精神放鬆。平均每一張床墊，Casper的營收是一三六二美元，不過它床墊的成本是七六一美元，販售和行銷是四八〇美元，行政管理費用則是引人側目的四七〇美元，等於每張床墊要賠三四九美元。這聽起來像是家十億美元的公司嗎？它的創投公司們覺得它是，所以它們在二〇一九年助它衝上十一億美元。

我說，Casper不應該公開上市；如果上市了，股價在第一年就會下跌超過30%。事實上，我在二〇一七年告訴它的管理階層，把公司賣掉，我的建議是賣給零售業者，例

Casper 每張床墊的盈虧（美元）

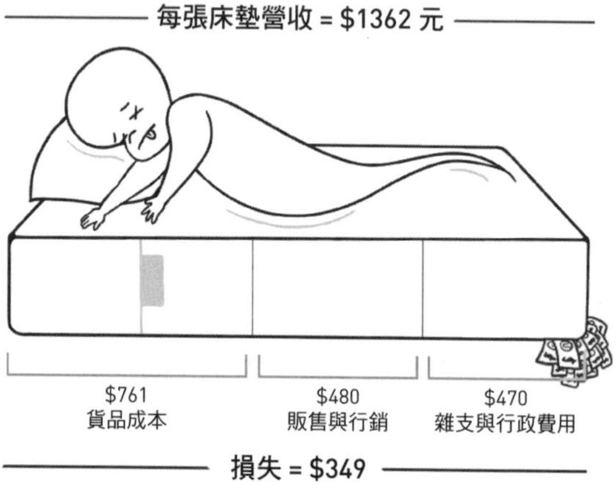

資料來源：公司財報分析

如Target（它們的投資者之一），或是其他已過中年、正在尋找肉毒桿菌回春的公司，例如沃爾瑪收購Jet一樣。收購案可以提供收購者在床具產業新動力，取得在該領域面對消費者所需的專業，至於Casper則有更好的機會去達成它原本無法、也無需達成的規模。他們有聽老師說嗎？沒有。Casper仍在二〇二〇年二月上市了，以低於它們之前以非上市公司身分募資到的十一億美元市值擠入窄門，然後在交易的第一個星期股價就下跌30%——在二〇二〇年八月我寫到這裡時仍未見反彈。平心而論，Casper看出了機會（但其他一七五家線上床墊零售業也看到了），並結合科技和話術（大部分是話術）追求這個機會。但是，它在發展真正的差異性上卻遇到困難，走回品牌時代的老路，只想用激勵人心的聯想來包裝一個沒有差異性的產品。

當煙消雲散

那些不是光靠創辦人能言善道、會做夢的破壞性創新公司，它們面對的新創環境到底是什麼樣子？充分的資金依舊不變，但許多新創公司的生命周期卻成為找不到出路的死胡同。

私募投資人——傳統的創投資本家，以及隨著管理資產增加而胃口越來越大的機構型投資人——如今參與更多、數額更大的多輪投資，並且把公開市場當成脫手的出口，而不是把它當成一樁融資活動。

充足的資本讓許多原本只能透過公開市場取得的資金，如今可從多輪募資中獲得，而穩定的次級市場為股東們提供流動資產。我們會看到這麼多的獨角獸，其中一個重要理由就是公司維持非公開上市的時間更久了。這樣做的好處是減少後勤行政費用和配合規範的成本，同時也比較不必被監管。公司可以給非公開市場的投資人獲取更多的上檔獲利。

另一個變化是，能以高報酬來脫手的另一個潛在可能性增加了，那就是被類似「四巨頭」的大型科技公司收購。在十年或二十年前，藉由被收購來脫手，是那些創投所支持的公司能得到的安慰獎，它保證讓創辦人拿得到錢，但是，真正要名利雙收還是得靠公開上市。如今隨著私募基金市場已經足以和公開市場匹敵，大型的收購者同樣也能辦到這一點。

蘋果在它的收支平衡表上有相當於兩百頭獨角獸的現金（兩千億美元）。不過，不光是因為「四巨頭」**付得起**一家新創公司的IPO市值，大型科技公司在市場的主宰力（以及強勢移動到新市場的能力）更讓它們的交易提議難以抗拒。二〇二〇年七月，美國國會反托拉斯聽證會揭露祖克柏曾經對Instagram（IG）提出無從抗拒的交易（「不加入，便是死」）。創辦人和投資人在收購過程多半春風得意，在二〇二〇年上半年脫手的十二頭獨角獸中，市值比它們未公開上市前的最後一次估值增加了91%。不過，對經濟和就業成長而言，這並非好事，因為這樣的生態系統比較不健全，市場的整併也會讓新創公司益發難以出頭天。

這場疫情，可能讓二〇二〇年成為多年以來IPO表現最好的一年，因為市場價值是根據一家公司預期在十年後的表現來評估。負面的評價也是如此：如今苦苦掙扎的公司會被市場發出「停止急救」的命令，並根據它們（剩下來的）現金流來評估價值。為破壞性創新者提供未來機會的廉價資本經濟，抽走市場既有者的氧氣，他們被迫緊縮開支（裁員、刪減資本支出），而街頭新來的小夥子則開始新的投資和招聘。它成了自我實現的預言——既存者被迫採取守勢以維持投資者習於收取的利潤，進一步讓既存者更加脆弱，並給予新創者更多的動能。因為隨著老公司的不振，獲取市場占有率也變得更容易。

那麼，破壞性創新者的配方是什麼？首先，一大關鍵在於你要進入的產業屬性。價格增長快過通膨速度，但沒有相對程度創新的產業，就是破壞性創新可能發生的產業。要比對破壞性創新者的DNA，可以透過個別審視公司幾個重要的特質，看它們究竟是在數年之內、還是要幾十年時間，才能為持股人增加上千億美元的價值。

我在《四騎士主宰的未來》一書中所推演，並在之後加以改良的「T演算法」（T Algorithm），對其中一些關鍵特質提供定義。這裡的T代表「兆」（trillion）——也就是讓公司有機會達成數兆美元市值的一些特徵。「T演算法」的八個要素如下：

▼訴諸人性本能

生而為人，我們天生有共同的生物需求，最強大的公司會找出方法來服務並利用這些本能。將身體由上而下，我們可以分為四個主要分類。第一，腦的本能：我們不斷在尋求解答，為我們

T 演算法

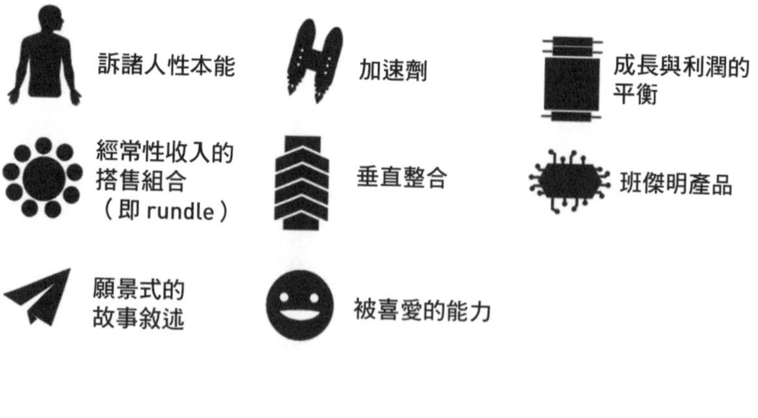

解釋生活體驗和周遭世界（Google）；折價優惠（沃爾瑪）和理性宣告（戴爾、微軟）訴諸我們的大腦，訴諸腦力的公司利潤往往較小，因為永遠有最便宜或是最快速的處理器。第二，心的本能：我們天生渴望與周遭的人們連結；就像廣告標語「最挑剔的媽媽選吉福」（Choosy moms choose Jif），關心身邊的人讓你更樂意多花錢。第三，腸胃的本能：從我們茹毛飲血的年代開始，人們就會設法用最不費力的方式聚積最多的資源，現代生活仰賴著穩定的物資供應。最後一點，性的本能：這是我們最原始的本能，它與物種繁衍有關，所以我們自發的想購買讓我們感覺更光鮮體面的產品和服務，好讓我們吸引更好的伴侶，我們支付不理性的高價來購買增進我們魅力的產品；比較一下沃爾瑪和亞馬遜（腦與腸胃）這類理性公司、跟法拉利和 Louboutin 高跟鞋（性器）的差距。

▼加速劑

一家為人們職涯扮演神奇跳板的公司。除了智慧財產權，或所謂可防禦的智慧財產權（defensible IP）之外，一家公司可吸引有才幹員工的能力，是公司成功最重要的因素之一。

▼成長與利潤的平衡

如今，最成功的公司會維持爆炸性成長和雄厚利潤。一般說來，利潤和成長彼此衝突，有些公司例如沃爾瑪，會採取非常低的利潤，如此一來可以加快成長，因為它們的附加價值不需要太多額外利潤。相反的，如果一家公司利潤很高，往往它的成長較低，擴展規模的潛能也較低。只有如「四巨頭」這類少數例外的公司能夠結合高成長與高利潤。

▼經常性收入的搭售組合（即 rundle）

前面提過「rundle」的產品或服務。這種策略充分利用人類的一個重要弱點：我們對於估算時間價值非常不在行。公司能說服消費者進入有如一夫一妻制的關係，比起以交易方式和顧客進行互動的公司，更能隨時間累積更多的價值。其中一個經常性收入搭售組合的例子，是蘋果目前提供的音樂和串流影音訂閱服務，它可以搭配兩者的產品銷售，加上新聞，加上每年 iPhone 手機的升級服務，把它變成更大的經常性收入搭售組合。迪士尼可以搭售 Disney+、主題樂園、遊輪和其他優惠活動，在經常性收入的基礎上區分不同級別的套餐，或是多重選擇的訂購服務。

▶ 垂直整合

一家公司藉由盡可能的控制價值鏈，來掌控「端到端」（end-to-end）的消費者全程體驗的能力，同時，能控制經銷的公司可以收割豐厚的獲利。以蘋果為例，它控制 App Store 和 iPhone，所有花在第三方 app 的每一分錢它都可以分到一點。它在五百多家名為蘋果專賣店的品牌聖殿裡賣出它的產品，而且，在未來兩年內，所有關鍵的矽晶片都會開始轉由自家公司設計。

▶ 班傑明（Benjamin Button）產品[23]

指的是因為網絡效應（network effects）而逆齡生長的產品或服務（隨著時間越久，用戶獲得的價值越來越大）。汽車或牙膏的價值在購買之後幾乎立刻打折，不同於這類傳統產品，班傑明式的產品隨著時間增長和更多用戶使用而更有價值。以 Spotify 為例，上

23 譯注：該詞的典故來自電影《班傑明的奇幻旅程》（*The Curious Case of Benjamin Button*），故事主角是出生時八十歲，隨時間流逝身體日漸年輕的班傑明・巴頓。

面的歌手越多，代表用戶越多，這意味著有更多個人化的歌曲清單，你也可以與朋友分享歌單，讓你在 Spotify 上的體驗更加有趣，於是吸引更多的歌手樂於加入平台。

▼願景式的故事敘述

向公司的股東和利害關係人清楚說明或展示公司正朝宏大願景進展的能力。述說一個有說服力的故事可以凝聚員工的心，並吸引頂尖人才和廉價的資金。不過光是激勵人心還不夠——這個公司必須真正實現它的承諾。

▼被喜愛的能力

一家公司的領導人能夠杜絕政府和媒體找麻煩，建立起給人好感的夥伴關係，並有吸引優秀人才投入的能力。消費者往往傾向於把品牌擬人化，有正面、活躍性格的公司多半可以獲得更大的利益。

最耀眼的獨角獸

運用上述「T演算法」，並考量這些公司所處產業的可顛覆程度，底下是一些我持續追蹤關注的上市和未上市公司：

▶ Airbnb

在二〇一八年，我說過 Airbnb 是當年最創新的消費者科技公司，它本身並不擁有或維護房地產，卻在全世界最大的資產類別（美國房地產）裡營利。這讓它可以花更多錢在社群和搜尋網站中爭取更多顧客，帶動比它飯店同業更大的網路流量。不同於 Uber，Airbnb 靠閒置的資產變現營利，而不是駕駛人對彈性工作的需求以及接受低工資的意願。

疫情對 Airbnb 的立即衝擊是營收的顯著衰退，不過，它不仰賴房地產的商業模式，代表破壞性創新者的成本可變動。因為不同於飯店業，它們沒有抵押貸款的利息、維修成本、或高額的員工福利成本。總體來說，面對打擊，Airbnb 還可以從容應對，但其他飯店業者只能挨打。二〇二〇年經歷第二季營收達67%的營收跌幅之後，Airbnb 從五月十七日到六月三日，在美國的訂房率較二〇一九年同一時期出現成長，同時，世界各地也出現類似的國內旅遊風潮。Airbnb 在二〇二〇年年底上市，我們也相信，它很可能成為在旅遊／飯店業裡市值最高的公司之一。這個領域必須能夠應付全球性的供需（來自全世界的人們到奧斯汀開會都需要訂房），但 Airbnb 辦得到。這正是公司標準的「護城河」。

▼ Brooklinen

二〇一五年，我的一個學生要我投資他的生意。他當時從埃及採購棉花，在以色列加工製造，然後運到紐約布魯克林，把一套七十九美元的床單、羽絨被加上枕頭，以一二九美元賣出。他的價值主張很清楚：其他地方要賣四百美元的床具，在這裡買便宜得多。這一對姓富洛普（Fulop）的夫婦檔在購買棉花之前已經確定好網路上的訂單，這完全符合良好行銷與商業策略的定義——為你的顧客找到產品，而不是幫你的產品找顧客（在店裡把貨品堆得滿滿，期待顧客上門）。簡化供應鏈，用更好的產品來提供更好的價值，這就是流氓步數。如今這對夫婦的公司 Brooklinen 賺了大錢，並且在三月以總營收數倍的價格賣給私募股權公司 Summit Partners——這在零售業堪稱異數。他們的床單也很棒。

▼嘉年華（Carnival）

它不是破壞性創新者，但無論如何仍是後疫時代值得關注的公司。在疫情發生前幾個月，嘉年華股市交易價格大約是每股五十美元，但是它在八月跌至十四美元以下。這自有其道理——這家公司的營運到十月三十一日已完全停擺。不過後疫時代終究來臨，而且只要一直有老人在，度假遊輪的生意就會存在。遊輪產業是休憩旅遊市場中成長最快速的部分，它在二〇〇五年到二〇一五年之間需求增加62%。而且，遊輪的客人要的就是不斷出航。在它還是旅遊選項的那段時期，有92%的遊輪旅客說他們下次度假還要搭遊輪。推動這股產業的因素是人口組成（老年人口增加），再加上它漂亮的價值主張：精選行程。行銷的菜鳥們以為人們喜歡有很多選擇，但消費者要的並不是更多的選擇，而是提供選項時更有信心。做選擇，是時間和注意力的額外負擔，消費者希望有別人可以幫他們研究和導覽這些選項。你可以訂購一趟搭船旅遊東南亞的較佳路線（飯店、餐飲、活動、飛機、火車、汽車），但你也可以選擇找嘉年華公司幫你打點這一切。

儘管疫情讓嘉年華股價遭受沉重打擊，疫情的持續時間也可能比公司維持資金活絡的時間還久。不過，如果它能存活，股價將成長三倍，讓它成為一門「周期性對比結構性」（cyclical vs. structural）的有趣行業。遊輪業需求的消亡是周期性的，相對之下，航空業和餐廳需求的消亡則比較像是結構性的，因為我們將有一段長時間會經常留在家裡。

▼檸檬茶

這是二〇二〇年經典的破壞性創新者。（公開聲明：我是它的投資者）這家公司所屬產業——保險業，數十年來沒有改變它的服務內容，同時也累積大量消費者的不良印象。供應鏈的數位化擺脫昂貴的派送成本（例如保險推銷員），同時這家公司運用人工智慧來達成更好的賠付率（也就是更好的風險評估）。保險市場的既存者似乎不太擔心，因為檸檬茶目前就只是小規模的租房保險業務，對其他市場大咖們的影響根本微不足道。不過，就算只是小小改進消費者的體驗都是一項優勢，資本市場將提供檸檬茶資源，讓這個優勢變成一個厲害的殺手鐧。

檸檬茶訴諸於腦——你在幾分鐘內就可以得到保險的估價。它符合我們渴望答案和資訊效率的需求，就和 Google 一樣。此外——請注意——它也符合我們的繁殖本能。和「創新者」搭在一起，就類似於跟帥氣小子們共進午餐，你企盼沾染他們的光彩，讓你也變得更有吸引力。而且檸檬茶有 rundle，它和消費者有著經常性收入的關係，這些客戶每個月得付保費。它被喜愛的能力很強大——執行長巧妙結合了社會使命，把未使用的儲備金轉匯入客戶所選擇的慈善機構。它的「淨流動資產」比起正統的保險公司如州立農業保險（State Farm）、利寶互助保險（Liberty Mutual）、好事達保險（Allstate）等公司的淨推薦值都還要高。我在二〇二〇年六月曾經說過，檸檬茶的ＩＰＯ將是個「大怪獸」，它確實也是二〇二〇年（截至目前為止）表現最好的ＩＰＯ，在上市前剛調高價格，股價照樣在上市的前兩個交易日上漲140％。

▼Netflix

串流影音平台是疫情期間的好所在，它所吸引的投資增加幅度，足以和七大工業國的國防預算相抗衡。Netflix 在過去十年也吸引同樣驚人的投資。這家串流影音公司完成只有亞馬遜在最近幾年能達到的成就：首先，它們透過強而有力的故事敘述讓它們的資本成本趨近於零；接下來，它們將成長故事轉為有利潤的故事敘述，同時還維持它的霸權地位——這很不容易。當公司成長像野草一般蔓生時，得到超低的資本成本相對而言比較容易；挑戰在於，當成長已經到頂，資本市場就會開始觀察你們財務報告的最底下一行。

Netflix不只把資金運用在它串流的基礎設施上（這已經夠令人眼睛一亮），同時它還重新打造「價值」在娛樂事業的意義：每個月花一美元，顧客可以收到價值十億美元的內容。一張十美元的電影票讓你看一部一億美元的電影，平均你花每一美元看的是一千萬美元，而且你觀看它的時間只有兩小時。Netflix給了你一百倍的價值，並且按需求來供應，放映的戲院比任何電影城都有更多的資本投資和創新：也就是你的起居室。

你應該看不到所有可看影片的1％（注意：我真的有試過），不過最普遍的的人工智慧應用（Netflix的推薦引擎）帶引出類似臉書加Google的規模和目標客群，讓這家位於洛斯加圖斯的公司成了科技業的赫謝爾．沃克[24]——身材魁梧、速度又快。Netflix在規模概念上的創新勝過任何內容公司。它打造馬德里的製片廠，成為結合超過一萬人的內容製造機，不過按照它的模式，Netflix馬德里公司的製作內容規模會更大。同樣的一套故事、劇本、攝影、場景以及服裝設計，但是由來自不同地區的演出人員拍攝多版本的電影，創造出更有相關性的內容，而且速度更快——這一點，也像赫謝爾．沃克。Netflix打破美國人自戀的想法，認定全世界一直想看美國演員——並非如此，大家想要的是美國的規模、廉價的資本，還有在地化的明星。

我在二〇一一年以每股十二美元，買了不少 Netflix 的股票（以一個教授而言）。這是好消息。壞消息是：我以每股十美元賣出以彌補稅金損失，而且從此沒有再回購。我在寫這本書時股價飆破五百美元。我真想複製一個自己，找一台時間機器回到過去，然後搧自己耳光……不好意思，我岔題了。

好吧，那找個你可能沒聽過的公司如何？

▼ One Medical

我認為，One Medical 是破壞性創新者，許多特徵也顯示它具有非凡獲利的潛力。醫療保險部分根深蒂固的陋習（像是健康保險流通與責任法案的法規遵行），已隨著醫療保險簡化流程的迫切需要而消除。正如零售業採用多重管道而增加數千億美元的價值，醫療保險同樣會因為擁抱智慧手機、攝影機、麥克風，而開啟令人咋舌的價值。

24 譯注：赫謝爾沃克（Herschel Walker）是前職業美式足球、雪橇、短跑、綜合格鬥的運動員。

想像一下，如果去露營時，你的孩子踩到馬蜂窩後腳開始發腫。這時你馬上需要用電話找到人安你的心，告訴你：「沒問題，把帳篷收拾好，送孩子到這裡來。」或者：「一切都沒事。用肥皂清洗腫起來的部位，然後讓他的腳泡在山上冰涼的湖水裡。明天開車到城裡領一些抗組織胺，電子處方箋已經送到透過你手機定位的藥局了。」成本更低，可以陪家人的時間更多，同時能更早安心。

疫情所帶動的創新讓醫療健保領域受益最多，其中是過去因為惰性而抗拒改變的那些部分，創新的服務派送就屬於這塊領域。One Medical藉由過去產業所抗拒的派送管道——說白一點，就是我們手上的電話，這項科技產品移除商品的磨擦、成本、汙名，還增加了隱私性。

▼派樂騰

它的踏步前進將比二〇一九冠狀病毒疫情持續更久。這家十億美元營收的公司重新定義何謂T演算法：我一開始認為這家公司價值被高估了，接著——冠狀病毒來襲。它的營收年增率達69％，經常性收入是它商業模式的核心，而且，兩千美元的健身腳踏車讓三十九美元的月費顯得物超所值。班傑明・巴頓（網絡）效應正發揮威力——客戶越多，來自（狂熱的）社群的利益就越大。

派樂騰的網上訂戶數正逼近百萬大關，續訂比率是類似 Netflix / Prime 的93%，利潤好過蘋果，而且垂直控制它的供應鏈。由於派樂騰可以運用訓練師接觸眾多的消費者，它對訓練師而言也是職涯加速助力，也因此它可以從 SoulCycle 和 Equinox 這類健身公司大量挖角，提供訓練師三倍的報酬、股權、以及可以觸及成千上萬網路用戶的平台。

▼投資 Apps：Public 和羅賓漢（Robinhood）

金融服務是即將出現破壞性創新的產業，疫情加速個人股票交易活動，因為大家手頭有了更多時間，美國人的銀行帳戶裡還多了一千兩百美元。羅賓漢是其中的佼佼者，當它推出免佣金交易，既有的市場參與者也不得不跟進廢除佣金。這可能也因此促成產業龍頭嘉信理財（Charles Schwab）和德美利證券（TD Ameritrade）的合併。羅賓漢還增加了零股交易，讓大多數是年輕股民的客戶們可以購買原本財力可能難以企及的高價股票。這個 app 的使用者有超過半數是首次投資族，它的遊戲化介面設計鼓勵人們花更多時間在 app 上頭。炫目的視覺效果、不時的獎勵（徽章、或在圖標上點擊超過一百次就會開啟高收益支票帳戶……諸如此類）、電玩遊戲的多巴胺刺激效果——或賭場，這家公司體現出科技巨頭從創新（更好的產品）到剝削利用（憂鬱青少年、遊戲化、對各種獎勵上癮的年輕人）的演化。哪裡不好？臉書用這招也很管用。遊戲化（gamification）是一種用來剝削的演算法，正如臉書以設法激怒人的演算法控制動態消息。

Public 這個 app 則對免佣金、對使用者友善、以及零股交易各採取不同的策略。（公開聲明：本人是它的投資者。）Public 把自己看成是提供股票交易的社群網站，強調使用者在公共論壇與私人聊天室的溝通。當到達足夠的規模時，它相互連結的網絡將是一項資產，而且在到達一定規模之後，競爭對手將難以匹敵。

那麼，一個光說不練的公司會如何？

▼ Quibi

Quibi 最有說服力的內容……就是 Quibi[25]。它的潰敗值得觀察，因為它提供我們這個生態系統的一些洞見。首先，科技的創業精神是年輕人的玩意（這聽起來是年齡歧視……但也是事實）。Quibi 宣傳自身的強項是梅格・惠特曼（Meg Whitman）和傑弗瑞・卡森伯格（Jeffrey Katzenberg）組成的領導團隊。當然啦，他們分別是科技界和故事敘事第一輪票選的名人堂成員。不過，就我所知，沒有一家成功的媒體科技公司是由超過六十歲的人們所創辦的。年輕人的頭腦瘋狂、有創意，而且願意一星期工作八十個小時——年輕人以為自己會永遠活下去。超過六十歲的人並沒有這些祝福或詛咒，這讓他們成了有格調的領導者、偉大的導師——但糟糕的創業者。第二點，如果沒有好上十倍的產品，或是讓現有競爭者顯得不堪一擊的十倍資金獲取能力，公司就無法和「四巨頭」相競爭。我相信十億美元（後來增加到一七・五億美元）對具好萊塢老資格的卡森伯格是很大一筆錢。不過，在亞馬遜，一七・五億美元只是「生意非常好的一天」，同時它也不過是 Netflix 的原創內容在五個禮拜裡所花的錢。

▶ Shopify

---

25 譯注：Quibi 公司名稱取自「quick bite」，意思就是「短片」。

Shopify 是過去十年來表現最讓人印象深刻、可能也是最有勇氣的科技公司。這間加拿大公司找到了可揮灑的巨大空間，讓自己變成「反亞馬遜的亞馬遜」。Shopify 是類似亞馬遜 Pay 和 FBA（Fulfillment by Amazon，亞馬遜物流）的產品，為第三方零售商提供支付和物流。不過，和亞馬遜不同的是，Shopify 的執行長可以誠實的告訴國會，它沒有使用收集自第三方零售商的數據來挖取它自身競爭產品的銷售。Shopify 顛覆亞馬遜之處在於，它提供了顧客亞馬遜的服務和價值，但不會濫加利用數據和品牌。結果呢？市值達到一三一〇億美元，自二〇一九年年初以來已成長了六倍。Shopify 自年初至今股價表現還勝過亞馬遜（+250%，相對於亞馬遜的+72%）。

▼ Spotify

Spotify 誇耀自己的全球觸及率、產品差異化以及受喜愛的能力。它缺乏垂直整合，也因此一再招來蘋果的懲罰，在 Apple Store 被刮走30%的佣金。我在二〇一八年預測它的股價會在十二個月內翻倍，但我錯了，它花了三十個月。不過，Spotify 仍具備成為兆元企業的潛力：它們有經常性收入，而且是班傑明式的產品——能越活越年輕，隨著時間和使用的增加，價值不降反升。

不過，儘管具有這些資產，Spotify的股票市值達到四七〇億美元，卻還未到達科技巨頭的地位。阻礙這家瑞典公司前進的是什麼？答案是Apple Music。蘋果這家加州庫比蒂諾的巨人，付費訂戶只有Spotify的一半，淨推薦值也較低。但是，在Spotify上可以聽到的音樂多半也可以在Apple Music取得，而且Apple Music還有個關鍵優勢——它是垂直的，派送權掌握在自己的手中。

有什麼流氓步數可以對抗？答案是Netflix和Spotify應該合併，並收購Sonos以達成垂直整合。這兩個訂閱媒體的流氓家族結合，將可以控制影音和音樂。夠流氓。它們收購Sonos（只要拿出它們做《虎王》（*Tiger*）十三億美元製作成本的一根小寒毛），就能在全美富裕家庭的裝置上建立一個垂直灘頭堡。

▼特斯拉

以人性為訴求，特斯拉有幾個差異化的重點——伊隆・馬斯克的願景和故事敘述能力、加上具體可感受到差異的好產品，它的資金成本令其他汽車公司啞口無言，因為它們不可能做到和特斯拉一樣的前瞻性投資。當福特在TNT頻道重播的美式足球賽買廣告的同時，馬斯克已經讓美國太空總署（NASA）的太空人駕駛特斯拉的Model X到發射台，並在那兒搭上天龍號太空船（SpaceX Dragon）。這家公司也有垂直產業，可以直接銷售汽車。還有人會懷念找汽車代理商的時代嗎？不過，特斯拉真正的「氪星石」[26]是透過吸引人類最根本的天性——生殖繁衍——來掌控不合理的驚人利潤。

買一輛特斯拉，是最終極的社會地位象徵。大部分產品只代表二者之一：「我很有錢」或者「我有良心」。不過特斯拉做了慈善家才做得到的事——它兩者全包了。不只如此，它還象徵：我是創新者，我領先群倫。再換個方式來說，如果我具有物種存活的最優異基因，你的生物先天本能就是和我交配，特斯拉的壞男孩形象又增添汽車的繁衍本能的吸引力。那位開著特斯拉Model S的稅務律師不叫稅務律師，他是有願景的反叛者。

特斯拉的各項策略都在打動人們的性本能：從價格、製作、行銷、甚至是它的領導風格。馬斯克是個天才，雖然我並不欣賞他的許多個人作風：市場操縱（「資金已到位」）、把泰國救人的潛水夫稱為「戀童癖」，然後又堅拒承認錯誤，之後又發推特質疑防疫的措施。身繫數以千計人們生計的公司創辦人應該更謹慎小心——好啦，我懂，我是老人家。

多年來我一再說（而且說錯）特斯拉的市值被高估了，現在我比較喜歡說它是「充分反映市值」。我不亂發黑函了。沒錯，我承認馬斯克是個天才。沒錯，特斯拉用另類能源把世界改造得更好。不過話說回來，它使用鋼材，這不是個能讓它稅前利潤（我仔細檢查過我的筆記）擴展一二八倍的產業。

我在紐約大學史登商學院的同事亞斯華斯・達摩德仁（Aswath Damodaran）有著「估值大師」的封號，他說過：「我一直認為特斯拉是個故事說得天花亂墜的『故事股』。它靠說故事推高了股價，而不是靠新聞訊息，也不是靠基本面……。如果你根據預期獲利或現金流來交易特斯拉股票，那你買賣它的股票理由就不對了。人們是靠氣氛和氣勢在交易特斯拉股票。」特斯拉坐收其利，是因為Covid-19對於舊式、資本密集的公司有著不合乎比例的負面衝擊。某個程度上，可以說這病毒重創特斯拉的競爭對手。這也

26 編按：於超人漫畫中出現的虛構礦物。

解釋一些新進的電動車公司會比傳統汽車業表現得更好，因為傳統車廠有大量的負債和高度的資本密集。原因就是這樣——特斯拉屬於汽車業，而在這產業裡這樣的估值並不合理。達摩德仁說：「買特斯拉汽車的人並非不理性，但這並不是我購入的理由。特斯拉是個難以令人信服的故事，但並不是不可能的故事。你可以說出一套故事，讓它每股一千五百美元的股價具正當性，不過這並不是讓我會想對它押注的故事。」

▼推特

（公開聲明：我是它的股東。）如果推特主宰它所占據的空間，它會是一個一千億美元的公司（相較於如今的三百億）。這個微型部落格平台已成了標誌性的品牌，是現今資訊時代全球脈動的象徵。能夠達到推特觸及規模和影響力的極少數幾家公司：騰訊、臉書和Google，市值分別是它的十七、二十四和三十九倍。這叫人尷尬，該怪罪的是管理階層，尤其有一半要怪執行長多爾西，誰叫他只是個兼差的、半個執行長。還是，他根本該為此負加倍的責任？

推特有不少缺點：假帳號、俄羅斯情報單位贊助的網路霸凌、鼓吹陰謀論與偽科學的演算法，以及引用服務條款前後不一致——但這些還只是其中一部分。使用者常稱呼它是「地獄網站」，瀏覽它被形容是「末日滑動」[27]，不過這些都還不是它無法啟動獲利引擎的原因。臉書裡這類東西比推特更多、更糟糕，但依舊勢不可擋。問題出在模式。推特固執的堅守廣告事業，但是卻沒有規模或工具可以和臉書、Google 競爭，其結果是它有立身在免費／紅色／安卓陣營的問題，卻沒有得到規模上的優勢。

二〇一九年十二月，我購買了三十三萬股並寫一封公開信給推特的董事會，這封信可在 profgalloway.com/twtr-enough-already 的網站被找到。別意外，我沒有收到回應。不過，幾個月之後我收到艾利奧特管理公司（Elliott Management，一家管理三八〇億美元的避險基金）的通知，你可以說它們是用二十億美元的筆，在我的信上簽名背書。再過三個星期後，它們在推特董事會得到三個席位，也就是在行動派投資者（activist investing）的世界裡，它們用三個星期拿下三個董事席位，代表推特知道自己有一隻腳沒地方站了（參見上面「兼差的執行長」）。我現在是艾利奧特的顧問，我的建議也被大肆

27 編按：doomscrolling，指明知道閱讀大量糟糕的新聞或信息對心理健康有害，但卻無法停止滑動頁面。

宣傳。

推特應該走向：iOS化——按價格收費而不是利用數據。它必須朝向如我在第一章所說的訂閱模式，讓追蹤人數在兩千人以下的帳號免費，然後按追蹤人數的多寡逐漸提高價格，使用者的價值隨著大批觀眾的湧入而提升，訂閱帳號的費用也會逐步調高。

我大力鼓吹好幾個月，多爾西終於在二〇二〇年七月宣布公司朝訂閱制發展的計畫走，股價上漲4％。

如果是一位全職的執行長或許會想得更快一些。

▼Uber

叫車載客服務是零工經濟的菸草，也是美國地主對農奴發動的最新一場戰鬥。我們在此把絕大部分非白人、無大學學歷的駕駛（總計三九〇萬人），和在總部裡絕大部分白人、有大學學歷的員工（為數兩萬兩千人）區隔開來，這些少數員工和他們的投資人瓜分掉相當於BMW和福特汽車的市值。順道一提，BMW和福特雇用了三十三萬四千人，他們其中絕大部分應該都有健康保險。在福特，平均每小時工資是二十六美元；在

Uber，一小時九美元。

Uber不像它的競爭對手Lyft一樣，未來命運不是被收購就是沒生意，Uber具有全球性的品牌，而且已經展現它的一個飛輪——Uber Eats。隨著它在二〇二〇年七月疫情期間收購餐飲外送服務Postmates，這個飛輪變得益發強大。如果Uber運用它的驚人品牌、創新文化以及飛輪做為槓桿，它的價值可能達到四百億、甚至五百億美元——比它在IPO前夕的定價縮水50％。在疫情期間，它展現的優勢是它讓成本可變動化的能力。Uber擴展到叫車之外的服務能力是一大關鍵，因為叫車並不是好做的生意，但即使是門壞生意仍可能成為飛輪，只要你夠大，並發展出有豐厚獲利的商業模式。和它相對的是Lyft，Lyft實際上是努力在規模不足的情況下想做叫車載客的業務，但很可能在二〇二一年就會被收購。

Uber有它的班傑明效應——越多人使用演算法，演算法的結果就越好。駕駛越多，費用就越低，而且地圖、時間的估算，以及演算法的其他面向也會越精確。就受人喜愛的能力而言，在創辦執行長查維斯・卡蘭尼克（Travis Kalanick）被年輕女工程師蘇珊・佛勒（Susan Fowler）揭露科技界重男輕女的哥兒們文化之後——全體員工送皮夾克……

女性除外——Uber大受損傷的品牌形象還需要花不少工夫去修復。達拉・霍斯勞沙希（Dara Khosrowshahi）接任執行長後做出莫大的改善，並以堅定的態度處理一連串的危機。在垂直整合的部分，最低的成本支出是Uber的強項，也是它的弱點，因為公司本身沒有汽車或是專屬駕駛的合約。即使不是大多數，但為數不少的Uber駕駛同時也幫Lyft開車。過去Uber的成長強勁，即使目前尚未有盈利，它的利潤也正持續提升中。

▼沃比帕克（Warby Parker）

眼鏡市場的既有者（就是依視路寶利徠［EssilorLuxottica］）提高售價卻沒有創新，等同提供了數億、甚至數十億美元預收利潤任人爭取。儘管疫情流行期間，「專業零售」這個產業類別受到重創，沃比帕克仍會是二〇二一年少數上市發行股票的零售業。沃比帕克是專業零售業裡情況「最不糟」的新創公司，這個產業是購物的好地方、卻是投資或工作的糟糕所在。這家公司說出一套好的企業故事而得到巨大的公關效應，這從Casper和行李箱品牌Away必須花錢買流量，而沃比帕克卻能獲取近80%的自然流量得到印證。沃比帕克看來具有肌肉（垂直派送、差異化產品），也囤積脂肪（獲取廉價資本的能力），可以熬過亞馬遜帶來的這場寒冬之後還變得更加茁壯。

▼ WeWork

不，其實它真的不算是獨角獸公司。它的概念（共用工作空間）有用，但還需要調整規模。許多具有良好核心事業的獨角獸公司都需要大刀闊斧重整組織，但有些改得太過頭了，它們的思考方式必須按照它們所屬的房地產業模式。舉例來說，飯店業通常是個別的有限公司，因此一家飯店宣布破產時不至於把整家公司拖垮——這很聰明。如果WeWork能擺脫它的不良資產（第一步，開除創辦人，這已經完成），會有一個光明的疫後未來。許多美國上班族已經從他們的辦公室解放，但未必每個人都想在自家的廚房餐桌工作。你可以預期未來將看到越來越多「遠距、含共同工作津貼」的職缺需求出現在徵才廣告上，公司也大幅降低在辦公室定期出沒的人之後，取而代之的是，透過類似WeWork 2.0的合夥人提供彈性的空間安排。「We」從來沒有四七〇億美元的價值，但它可能比疫情時的估值更高一些。

▼抖音（TikTok）

我對抖音的未來如何不是很確定，對於它「不會如何」倒是比較確定。儘管二〇二〇年的夏天充滿喧囂和憤怒，但是中國人絕不會在川普政府的脅迫下廉價賣出一個全球性的網路資產。至少，中國有許多辦法可以反擊川普禁用抖音的威脅。想像一下，如果中國國家主席習近平宣布：「iPhone迴避中國的安全法規，蘋果必須在四十五天之內售出它在中國的營運、智慧財產權、以及與中國廠商的供應鏈協議。」那再見了，那斯達克的復甦再見了。更別說那些真的喜歡抖音的人們，其中包括許多手上握有選票的人。同時，就在本書要付梓的時刻，川普已經把抖音必須把在美國的資產賣給美國公司的四十五天最後期限延長到九十天。中國政府認定，川普要求抖音賣給外國公司後才核可營運只是虛張聲勢，而微軟這個最有可能、也最合乎邏輯的買家也已經退出競價。當你讀到這本書的時候，這場抖音的爭奪戲碼不知是否落幕，不過目前看來，美國政府能期待的最好結果，是甲骨文（Oracle）和抖音公司達成某種「合夥關係」來保住面子，它們模糊之間的合約內容是為了安撫北京，而不是華府。

在此同時，這股騷動成了一些公司的大好機會，藉著外界傳言自家公司對收購抖音可能有興趣，趁機抬升股價，像是推特的股價就跳漲了5%，直到投資人摸清楚算盤，明白雙方就算有任何的協議，從推特相對較小的市值來看，也只可能是抖音來收購推特。你會不得不佩服找美國公司來收購抖音的「非預期後果」，川普最後可能反而促成推特賣給了一家中國公司。

最重要的事實是，抖音有個很好的產品。它漂亮的演算法可以讓新的、相關的內容一直跑出來，而它提供的創作內容工具又可保證內容的源源不絕。這不是一件簡單的事——看看臉書最近在IG新加入的（預期會）失敗仿作Reels。《紐約時報》網路文化專欄作家泰勒・羅倫茲（Taylor Lorenz）在試用五天之後的結論是：「我可以斬釘截的說，Reels是我用過最爛的應用功能。」偉大的產品會找到它通往偉大公司的出路，不管抖音是做為微軟旗下的產品（不得不稱讚微軟公司，它的努力經營讓高調收購的「當個創世神」[Minecraft]、Skype、和領英[LinkedIn]皆持續蓬勃發展），或是本身公司的產品，它都充滿光明的前景。就像執行得一團糟的美中貿易戰一樣，中國是不會先眨眼認輸的一方，他們也很少眨眼——他們放眼的是五十年的時間量度。

在後疫時代，創投資金的投資已經大致恢復到疫情前的水平。在我長大後，大部分時間我們都處在緩步進行的科技革命中，不過一直到最近，基礎設施和科技的進展才到達我們期待了幾十年的、大規模破壞性創新的節點，並且撼動幾個規模最大的消費產業的根源。隨著機會的到來，私募市場資金充盈，公開市場渴盼成長的故事，潛在的收購者口袋深度更甚以往（儘管反托拉斯法暫時冷卻了大型科技公司收購的熱情）。我再說一次，我相信在二〇二〇～二〇二一年這個梯次首次公開募股的公司，將會是過去幾年來表現最傑出的一批。它們的成功會遮掩一個讓人不大舒服的真相：某些最快速成長的產業只有些許投資於新創事業的資金，因為產業的既存者已不再像過去一樣，受制於反托拉斯法或嚴格監管的規範。

你應該已經注意到，一家公司的一大成功關鍵在於既存者的惰性。在美國，有一個少見龐大又不動如山的產業，那就是高等教育。

第四章　高等教育

很少有其他產業比高等教育更靠近 Covid-19 疫情大加速的原爆點。就算在疫情發生之前，這個高達七千億美元的生意（讓我們說清楚，它確實是一門生意）的破壞性創新就已經蓄勢待發。幾十年來，高等教育的下巴越翹越高，Covid-19 只是它要迎接的第一拳。疫情對於一些消費者消費時必須排排坐的產業打擊特別沉重，像是運動賽事、航空業、餐飲、會展活動——還有，大學也躲不過，儘管它有高尚使命。

破壞的時機已成熟

高等教育的破壞性創新指數已經爆表。過去四十年，大學學費增加1400％。在一九八〇年代和一九九〇年代初，我在洛杉磯加大（UCLA）讀了五年的大學、在柏克萊加大（UC Berkley）讀了兩年商學院，整整七年的總學費是一萬美元。時至今日，這還不夠上紐約大學史登商學院的兩堂課（一萬四千美元）。

比較起來，連醫療保險都顯得太便宜。醫療保險在同一段期間「只」增加600％。教育產業用這筆巨大的財富做了些什麼？其實不多。我們對醫療保險漲價的抱怨合情合理，不過，今天我們進醫院，再怎麼說它的技術、療程和用藥，比起一九八〇年都有實質的差別，一年接近四兆美元的醫療保險產業提供最先進的訓練和技術，儘管它的成果是否趕得上價格增加的步伐？並沒有。但是它確實有相當的創新。

相對之下，美國六千億美元的高等教育產業，提供的產品多麼老掉牙！試著走進今

大學學雜費 vs 消費者物價指數（CPI）

1978 年 7 月 – 2020 年 7 月

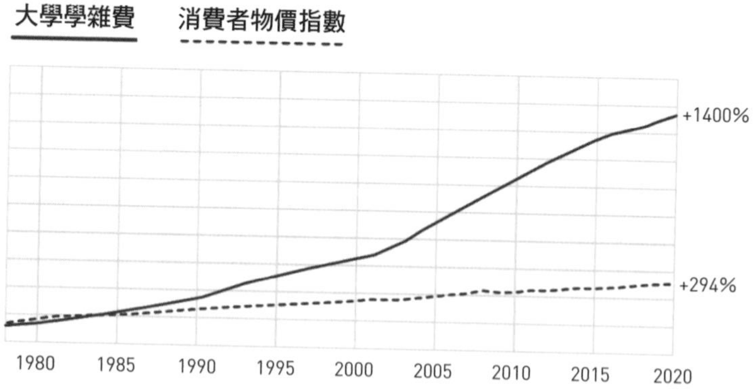

資料來源：美國勞動統計局

天大學的課堂看看，雖然形式不一樣了，現在 PowerPoint 代替過去的投影機，學生拿的是筆電和健怡可樂，而不是過去的筆記本和香菸。不過差別大概也僅止於這些了。

我在紐約大學史登商學院教品牌策略課程。二〇二〇年秋季開始在線上用 Zoom 教學，班上有二八〇個學生（我親切的稱呼他們為「孩子們」），幾乎是平常的兩倍。他們每個人要花七千美元，一學期算下來是一九六萬美元。保守估算，這門課的毛利潤超過90%。說說看，在這樣的價位上，還有其他什麼生意是可以達到毛利90%的？少之又少。愛馬仕做不到，法拉利做不到，蘋果也做不到。

我教學認真，名聲甚至還不錯，每學期我有一、兩次會改成線上教學——方便我旅遊在外，同時也讓我有機會研究一下線上媒介。我盡可能讓學生投入學習，有時把自己化身成搖滾巨星，也會寫不客氣的電子郵件給粗魯的學生。不過，雖然我戴著愛黛兒（Adele）的假髮，我的品牌策略課，和二十八年前在柏克萊的哈斯商學院裡大衛·艾克（David Aaker）教我的課程，並沒有太多不同。我站在教室最前面傳授三小時的智慧，然後紐約大學領到了支票——當然，實際的順序不是這樣。

稀少性

為什麼我身處的產業沒有改善產品，卻能以這種速率提升價格？在一些頂尖菁英機構，包括紐約大學在內，我們運用的槓桿是稀少性。它不只是商業策略，它已經變成一種戀物癖——把自己當成奢侈品牌，而不是公共的僕人。長春藤名校的入學率是4～10％，一個誇稱自己拒絕90％申請者的大學校長，簡直和每晚把90％的求助者拒於門外的遊民庇護所沒有兩樣，而且這無關乎入學標準或品牌稀釋的問題。一篇解釋自己不再為母校普林斯頓大學擔任入學申請面試工作的文章裡，記者布萊恩．瓦許（Bryan Walsh）提出了他的觀察：「菁英大學入學申請的祕密是，有資格入學的學生遠比獲得許可的人數多得多，而且獲得許可的人和差一點而未能過關的人，實際上並沒有可明顯分別的差異。」為了支持自己的說法，他引用了普林斯頓招生部長的這段聲明：「我們原本可從申請的名單裡再招收五、六個班級的學生。」

於是，問題來了，既然有二六〇億美元的捐贈基金，為什麼不多收學生呢？

大量的需求給高等教育的壟斷事業提供養分。於是，數以百計模仿哈佛風格的私立文理學院，學費也跟著（把95％申請者拒於門外的）菁英大學一起起飛，這給了數百萬中產階級家庭機會，就好像可以用賓士車的價格買一台現代汽車。其中大部分資金籌募來源是容易取得的助學貸款，它利用的是美國人特有的信仰，有如聖經的教諭：為人父母者，你有罪；除非你能送你的孩子上大學……不計任何代價。

在此同時，在美國各地數以千百計、教育三分之二大學生的公立院校，它們學費增加則是源於州政府和聯邦政府補助的減少。雖然各州的情況不一，平均而言如今每個學生得到的政府補助金額要比一九八〇年還要少，二〇〇八年的經濟衰退更導致預算大幅縮水：從二〇〇八年到二〇一三年，公費補助刪減22%，大學學費則增加27%。其中有一部分要怪美國人自己，大學院校已經接納了許多跟我們長得不大一樣的人，但是也越來越不能容忍想法和我們不大一樣的人。在哈佛的教職員中，只有1.5%認定自己是保守派。其結果是，大概有一半的民選官員不願撥款給大學院校這個進步派的大本營。

預算刪減造成的痛苦並非平均分布。以阿拉巴馬州為例，州政府在金融海嘯期間刪減近40%給大學體系的補助經費，之後補助從未恢復。大學系統不得不透過提高學費、和大量招收外州和國際學生來彌補這些差額——這大大改變了大學的本質，以及它原本在社區裡應扮演的角色。

充裕

所有這些學費的增加，推動者是有如致癮毒品般的聯邦補助學生貸款。學生貸款如今總額已經達到一・六兆美元，遠超過信用貸款或汽車貸款的金額。平均每個大學畢業生，在完成二〇二〇年虛擬的畢業典禮之後，將扛起近三萬美元的債務。

低廉信貸讓一些院校變有錢，讓州政府可以刪減對其他學校的支持，並把驚人的債務留給未來的世代。這種計畫堪稱「本意良善、結果糟糕」的經典作：借貸助長了學費漲價，也讓一些以賺錢為目的的學店興起，實際上它們提供的產品，品質上幾乎沒有值得一提的進步。更重要的是，它沒有達成它的核心使命，也就是把大學教育擴展到缺乏資源的人們身上。事實上，債務對較低經濟階層的人們

美國人所持債務

2020 年第二季

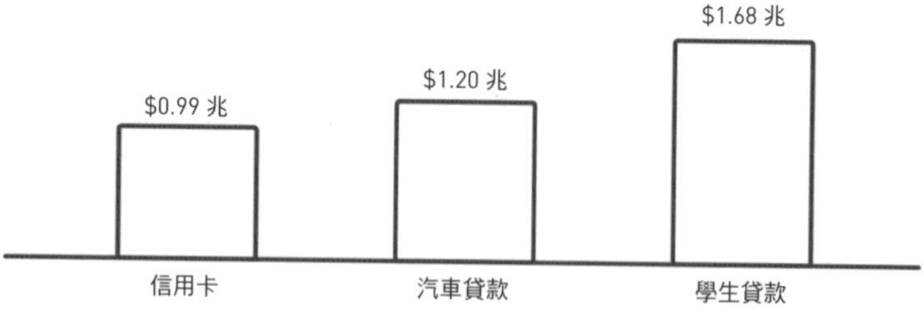

資料來源：聖路易美國聯邦儲備銀行

而言，負擔更加殘酷而沉重，他們的貸款違約率遠遠高於較富裕的學生。

覆蓋長春藤的種姓制度

我們喜歡把教育當成提供平等機會的「矯直器」，不過教育實際上已經變成一套種姓制度、一個把特權傳遞給下一代的管道。確實，我們讓群眾之中少數出類拔萃的孩子通過窄門，好假裝這是個拔擢優秀人才的體制，但是從「傳承錄取」、中學教育的不平等、到直接大剌剌收錢進入大學的管道，都讓美國的大學校園裡有錢人子女的人數多到明顯不符比例。如今富裕家庭的孩子上大學的比例是窮人家的兩倍多，進入菁英名校的比例則**超過五倍**。在全美國前一百大名校中，包括五所長春藤名校在內有三十八所大學，家庭所得前1％的學生人數要比家庭所得在底層60％的學生還要多。從這一點你可以主張，常春藤的大學部課程該稱做「教育它的投資人子女的避險基金」。

即使是對少數特權人士而言，大學仍是個很好的投資。頂尖大學的畢業生會被送進一個與其他美國人截然不同的職涯和收入發展曲線：最熱門企業的老闆們會主動招募他們，學校的職涯諮詢部門會幫忙回電，而且進公司後還會發現，資深管理階層已經布滿大學學長和校友的關係網絡。

破壞性創新的力量

在這個最可能出現破壞性創新的產業底下，有幾股潮流趨勢正在加速。首先，技術的提升把遠距學習送至市場可接受的門檻。二〇〇〇年代對MOOCs（大規模開放線上課堂）爆發的興趣或許為時過早，但仍有許多人對這個市場躍躍欲試。這個產業裡的最佳品牌——哈佛、耶魯、史丹佛、麻省理工——持續擴展它們的線上內容。哈佛大學的大衛・馬蘭（David Malan）把學校知名的計算機概論課程送上網路，而且免費，讓它成為轟動武林的國際級熱門活動。在二〇一八年，有一千兩百位學生選修耶魯大學教授勞麗・桑托斯（Lauri Santos）的「心理學與美好生活」，這已經是該校三百年歷史裡最受歡迎的一門課。但是，當耶魯大學和桑托斯免費把這個課程上線，修課人數超過了**一百萬**。「達人課堂」（MasterClass）則從不同的角度切入，它把名人的威力和好萊塢的製作帶進線上教育。我不認為它們的模式會奏效——安娜・溫圖（Anna Wintour）亂噴一些陳腔濫調並不算教育，不過它的產品價值也激勵線上學習網站的品質提升。

與此同時，學貸危機廣泛激起人們對傳統大學價值主張的重新思考。伯尼・桑德斯（Bernie Sanders）和伊麗莎白・華倫（Elizabeth Warren）都把大學免學費當作總統大選時的主要政見。這雖然不是個好主意，它會再一次把窮人的財富轉移給富人，因為大學入學者大半是較有錢的人。不過他們至少了解到，大學必須讓更多人負擔得起。

人口的組成分布決定了命運，而高等教育的人口分布圖讓人不忍卒睹。從二〇二六年起，高三學生畢業人數預估會下跌9％。改變正在來臨。二〇一三年，知名的哈佛商學院教授克萊頓・克里斯汀生（Clayton Christensen）預測線上教育對傳統高等教育的破壞性，將如同蒸汽動力會讓帆船業無生意可做。他寫道，在未來的十到十五年，25％的大學院校將關門停業。到了二〇一八年，他把他的預測上修為50％。這還是Covid–19還沒出現之前的情況。

高等教育抗拒改變。我們對它的想像始終強烈而深刻——浮現我們腦中的想像常常是：在校園綠蔭下散步，對學術的思索激發心靈之火。它的品牌強度超乎尋常。沒有人會想捐一億美元把自己的名字刻在Google園區大樓旁邊，但幾乎每個政治人物、捐贈者、學界領袖都曾在一所或多所大學的校園生活中留下美好的回憶，並且計劃讓自己的子女享受同樣的福利。儘管有科技的美麗承諾和菁英主義危害的警告，傳統高等教育的模式仍很難被取代。

接著，疫情來了。幾乎在一夕之間，美國的大學全數淨空，數百萬小時的課堂體驗突然換成線上。教室講堂換成兒時的臥室，綠蔭校園的漫步被住宅區後院保持社交距離的步行取代，幾乎沒有人預期到這種情況。一開始的線上學習堪稱故障頻頻、Zoom轟炸（無意誤闖視訊）、沉悶的一團混亂。全美的父母親看到，他們一年四萬美元的教育經費如石沉大海，不見成效；學生失去「人生最美好時光」的其中一年。經過春季學期的混亂、以及倉促上陣的Zoom視訊課程，有75%的學生對e化學習表示不滿意，而且每六位高中畢業生就有一個考慮把大學入學時間延後一個學期或一年。

危機落在我們身上

二〇二〇年春季大部分時間一直到初夏，我們聽到許多大學高層人士開心談論，到秋天大學校園生活就可以恢復到近乎正常。結果這件事從來沒成真。七月底，骨牌紛紛倒下，一間接一間的學校宣布會在線上開始它們的二〇二〇~二〇二一學年——對大部分學校而言，這與它們春天時的樂觀恰成反比。從柏克萊加大這類大型州立學校，到史密斯學院這種小型私立學院，到研究型機構如約翰霍普金斯大學，再到最有錢的菁英名校如哈佛、普林斯頓和史丹佛，各類型的學校都接受這無可避免的事實，它們在八月底宣布不會提供面授課程，同時也只提供極嚴格限制的校園住宿。在二〇二〇年九月底本書寫到此段的時刻，「學院危機倡議」（College Crisis Initiative）報告指出，它們所追蹤的二九五八所學校當中，有一三〇二所計畫在二〇二〇年秋季學期全部課程或主要課程都在線上進行（在一個月前，還只有八三五所學校），只有一一四所學校計畫全面在校園內上課。高等教育進入了至少一年時間的劇烈轉變，而且大部分的改變都將是永久性的。

要理解疫情對高等教育帶來的效應，必須先理解高等教育的價值主張。在大學裡頭，以時間和學費換取來的是三種價值：證書（credential）、教育（education）以及體驗（experience）。

（C＋E＋Ex）÷學費
C＝證書（你在畢業後被放入的跑道是根據你加入的品牌／學校）
E＝教育（學習和充實自我）
Ex＝體驗（秋天的落葉、美式足球賽、談戀愛）

財務震盪

Covid-19疫情將以兩股浪潮加速高等教育的改變。第一股浪潮在二〇二〇年夏末衝擊這個產業，許多院校體驗到財務震盪，即使是入學率僅4.6％、捐贈基金達到四百億美元的哈佛大學，它在二〇二〇會計年度仍預估會有七．五億美元的營收短缺，並要求教職員工考慮提前退休或減少課程安排。話雖如此，菁英名校有它非常有效的吸震器：備取名單以及數以億計的捐贈基金。每出現一個學生想休學、或是轉到離家較近的學校，就有十個學生想來遞補這個位子。菁英名校可以經歷這場風雨而變得更加強大。

不過，當頂尖學校從備取名單往下挖掘，來填補疫情造成的營收缺口，它卻也讓名聲不夠響亮的學校問題更加惡化，它們的收入（也就是獲准入學學生的註冊比例）受到雙重打擊，一方面有些學生進入更好的名校而放棄備取資格，還有一些人則決定暫緩入學。這個漣漪效應對排名越後面的學校越嚴重，最後衝擊到的是列不出備取名單的學校。原本入學錄取率是60%或80%的學校，並沒有備取名單，它們在二〇二〇年秋季和未來的學期，教室將會出現多得要命的空座位。除此之外，收入低的學校還有另一個額外挑戰，它們決定入學的標準是靠複雜的預測模型來分析哪些學生會真正註冊入學，因此準確估算出這其中有多少學生需要助學援助就非常重要。正如新美國基金會（New America）的凱文．凱瑞（Kevin Carey）所說：「許多私立學院的財務償付能力，如今只能交由或然率來分配。」學生組成本質上的巨變，讓這些預測模型毫無用處，也讓學校陷入風險，因為未來接受它教學服務的學生可能無力支付這些費用。

簡言之，能提供特別證書的學校不會有問題，以好價格提供紮實教育的學校也仍然占據市場的好位置。加州州立大學體系被許多人譽為加州真正的珍寶，它已宣布只提供線上教學，這讓校方可以專注在技術和形式的改進，以提供更好的線上教育體驗。加州大學二〇二〇年的畢業生總數比常春藤聯盟的畢業總數多出八倍，校方因疫情而獲得大加速，過去線上體驗不曾是教學上的重點，大部分學生通勤上學，分母低很多（州內優惠學費為六千美元）。因此，在冠狀病毒肆虐的時刻，這種體系的大學價值比率大幅超越學費昂貴、以校園體驗為基礎的文理科大學。

面臨生存威脅的學校是那些價值主張偏向於體驗為主的大學。它們就類似於電影院和遊輪，收錢帶你進入和陌生人共處的封閉小空間，這些大學投資在打造漂亮的遊輪（校園）建築，仰賴被名牌大學拒之門外的學生來源——結果現在有麻煩了。有些學校以菁英名校的收費，提供類似菁英名校的體驗，卻沒有同等分量的證書，如今準備經歷一場清算。

妄想症

二〇二〇年上半年，還有些學校力圖抗拒無可避免的命運，同時強調它們會維持校園裡的教育，它們為保持社交距離而重新設計教室、宿舍和餐廳，課程也重新安排，並建立一套校園規範——毫無疑問的，這花了不少的精神和費用。以普度大學為例，據報導，校方購買超過一英哩長的壓克力板，以便在校園各處設置隔板。這一切都看在校外觀察家們的眼裡，他們對於校方想讓數以千計二十歲上下的年輕人維持社交距離的想法感到不可置信（如果真能做到，人類的繁衍不息可能早早就有問題）。一位心理學教授在《紐約時報》形容重開校園的計畫「樂觀到如此不切實際的程度，已經近乎妄想的邊緣」。

為重回校園的主張辯護的人們宣稱，病毒對年輕人不會帶來太多威脅。就算這是真的（但其實並不是），無症狀傳染是這個病毒的武器之一，而年輕人——活潑、好動、愛說話——正是最佳的超級傳播者。讓他們重回校園會讓大學所在的城市承受風險，因為多數人對大規模傳染病並未做好準備。部分大學城鎮的常住居民有高比例的退休人士，他們因學校附近的文化氣氛而選擇在這裡定居。其他面臨風險的大學夥伴還包括學生餐廳員工、水電維修人員、校園保全、圖書館管

美國大學城每一萬人的加護病房配置

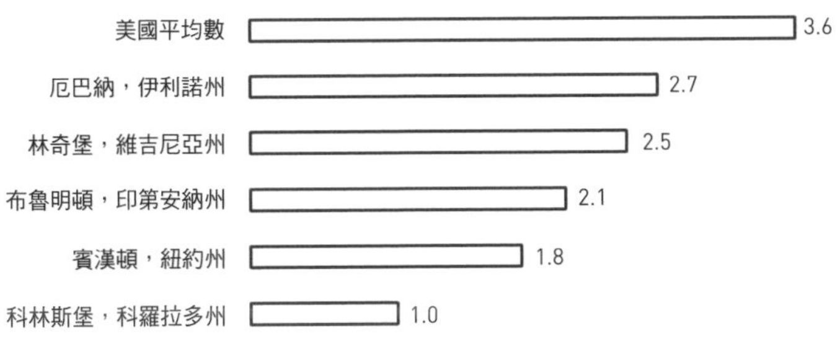

資料來源：華盛頓郵報

理員，酒吧服務生、計程車司機，還有他們的配偶和家人，以及其他當初做出合理決定選在大學城定居的倒楣鬼。而且，萬一（不是萬一，是當）疫情一爆發開來，這些大學城的醫療基礎設備可能在幾個星期、甚至幾天之內就不堪負荷。

狗急跳牆

大學校長們為什麼要讓他們的學生、教職員、以及附近居民置身於這樣的風險中？殘酷的事實是，許多人相信他們別無選擇。大學的運作昂貴，有著相對缺乏彈性的成本結構，教師的終身職和工會契約讓最大的成本開支（教師和行政人員的薪水）幾乎毫無轉圜餘地。許多教學活動交由助理和助教來進行，他們只領取微薄的報酬（至於研究生則差不多是免費勞工），至於高等教育裡的貴族階級，也就是正職教授，他們的高薪則有任期的保障。除此之外，大學任憑非教職人員的成本畸形膨脹——擴充員額永遠比縮減人員來得容易。我在高等教育機構工作二十年之後，現在我相信每個決策的制定，心裡想的都只有一個事：對於有任期的教員和行政人員，要怎樣增加酬勞和減少責任。

幾個世代以來，政府對於教育的支持也逐漸減低，這導致一部分大學透過技術移轉、醫院、數以百萬美元計的捐款獲得營收流，但大部分學院只能仰賴學生繳的學費。如果學生在某個學期不回學校，許多院校就不得不採取非常措施，這對達成學校的使命可能會有嚴重的長期影響。

於是，與其在二〇二〇年暑假致力於大幅提升線上教育體驗（這個投資可能帶來幾十年的回報），大學的領導階層和教職員把無數時間和金錢花在自我痲醉，他們相信自己能對校園安全做出適當的保護。隨著冠狀病毒感染率在暑期持續高升，同時學校也收完學費的支票之後——現實已成定局，校方終於清醒過來。

或許，這從來就不是他們所能決定。許

美國大學院校的國際學生

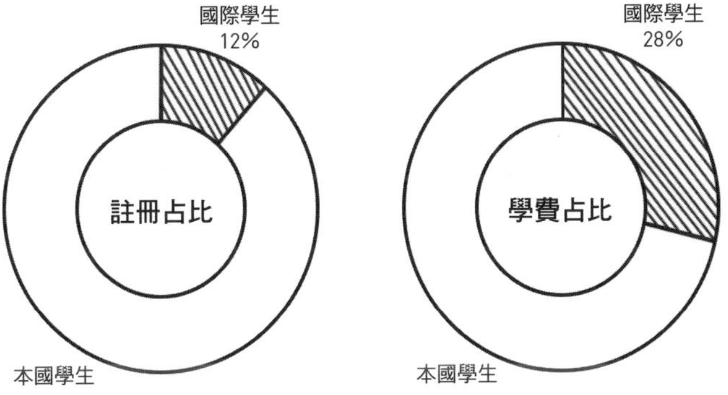

資料來源：Business Insider

多學生早就認定，這些不得不然的改變，已經讓追求大學生活體驗變得沒有必要，也不值得讓一些學校向他們收取的費用。在二〇二〇年八月，三分之一的大學生說他們並不打算回到校園；哈佛大學的報告則指出，20%的大一新生已經提出休學的請求。

影響最嚴重的是國際學生不來了——他們是高學費大學的重要金主。美國宣稱讓他們入學是為了校園多元化，的確沒錯，但這並不是持續增收外國留學生的主要動機。三分之二國際學生的教育費來自海外，總計國際學生每年為美國經濟貢獻將近四百億美元。

在紐約大學，國際學生占了學生總數的27%和更高比例的學校現金流。疫情蔓延再加上川普政府處心積慮把外籍人士妖魔化，包括嚴格限制具高度專業的畢業生就業機會，可能嚴重衝擊國際學生在未來幾年的申請人數。這代表著二〇二〇年秋季別期待大鯨魚出現，美國人只剩海獺和企鵝——留給校方巨大的財務缺口。

注定無望

結果如何？我們看到了大學的汰弱留強。正如在零售業看到的，關門的公司從二〇一九年的九千五百家加速到二〇二〇年超過兩萬五千家，我們也即將看到數百家大學開始走向死亡之路。學術界過去一向最會利用中產階級的希望和夢想，鼓勵為人父母者要送孩子上大學，給孩子更好的人生。我們還鼓勵他們挪出401（k）退休福利計畫的錢，辦理抵押貸款，讓他們為大學從公共服務變身為奢侈品牌背書。以後不會有這種事了。

這只是短期的效應。它的影響會有多嚴重，還要看疫苗發展和分批施打的時間需要多久而定。一個學期的線上教育和縮水課程，會讓幾百所學校關門大吉。如果少了一年實際面授課程的體驗、以及面授課程的定價效力，10～30%的大學可能就此消失。

前途何在

至於長期的效應，則在於美國的高等教育傳授方式將出現長遠的變化。如果處理妥善，將可以大幅開拓目前職涯發展有限的成功路徑；如果處理不當，恐怕有更多年輕人和勞工階級的財富被大型科技公司搜刮，經濟流動性（economic mobility）也會持續降低。

高等教育即將迎來的轉型核心在於科技。和其他許多領域的情況一樣，疫情讓教育界被迫接受原本大學教員和行政主管抗拒的遠距科技，我們在疫情期間所得的經驗將加速它們採用。坦白說，一開始的階段並不順利。光把大學的講課放上Zoom，只能算是最初級的e化學習，學生自然也不會滿意。但這終會改變。學校已經開始讓老師們接受訓練課程，教他們如何使用手邊的工具，如何重新組織班上學生，如何遷移到線上。

我已經學到幾個簡單的重要道理。在缺少實際現場感染力的情況下，上課必須更加生動活潑，要揮動雙臂，提高音量，調整語氣和步伐。你必須看著學生們的臉，要求他們把攝影機打開。必須不斷跟學生交談提問，盡可能找尋優秀的客座來賓，因為這比在教室上課更容易邀約（用Zoom無須舟車勞頓）。打破一個人對著鏡頭講話的單調沉悶很重要——要學習使用螢幕分享功能，利用圖表和繪圖以新鮮方式表達訊息，讓學生保持專注投入。有個可供參考的好範本是眾議員凱蒂・波特（Katie Porter）在自己的國會聽證時使用的小白板。

線上課程提供講課本身之外的機會。利用訊息板和團體文件的非同步通訊，給了學生（以及老師）時程上的彈性，這是當面授課無法提供的。面對面的討論是隱藏不公平的雷區（許多研究一再顯示，男同學會主導課堂討論，而教師則會態度上的配合。）把討論移到線上不是萬靈丹（高速的網路、筆電和安靜的作業場所不是人人擁有），但是它確實打開比傳統課堂討論更有效率、更多學生參與的可能性。新科技能夠實現線上教學的潛能，並消除它的缺點，將是創業者的一大契機。在疫情爆發初期，彷彿每個美國人都在幾天內同時學會如何使用Zoom。放眼未來，你可以預期Blackboard或Canvas出現大量的創新、或是被取代。在二〇二一年第一季，隨著創投基金的海嘯在高等教育就位，猛爆式出現的新工具和新技術會在市場探路。

危機讓我的同事們在過去十二個星期來對科技接納的程度，遠超過了過去二十年來的總和。正如前紐約大學副院長安納斯塔西亞・克洛斯懷特（Anastasia Crosswhite）的形容：「一般教員在兩個星期內，態度從『除非我死了，別想讓我用線上教學』，轉為『除非有疫苗，別想讓我踏進教室一步』。」當我們終於連上網路，會發現學生已經在等我們，而且奇怪我們為什麼弄這麼久。年輕一代是跟著螢幕長大的，而且他們對網路上互動自在的程度，是我們這一代人所無法理解的。

規模

認真對待這個新媒介的學校和教授們，未來幾年將收到巨大的好處，而他們的利害關係人也會受益。這不僅是因為線上教學提供教室裡沒有的學習機會，同時也因為線上教育可以做些別的事──它可以**提升規模**。地理上的距離，是過去校方為了支持其溢酬定價所設置的核心障礙，如今科技在這顆心臟插上木樁。這是教育界對變革少見的抗拒，高等教育對科技遲來的擁抱，可能會改變社會。

規模化讓個別學校、以及個別的教授巨量的擴展他們的觸及範圍。這給過去半個世紀以來最大的不平等問題──人為造成菁英教育的稀少性，提供矯正的可能性。過去十年來，我的秋季班學生數是一六〇人，因為這個數字是考夫曼管理中心2－60教室的容納量；二〇二〇年秋天，沒有2－60教室的物理空間束縛，選修我的課人數可達二八〇人。學生數增加近一倍的增量，成本呢？我估計在兩千至三千美元左右（多找了一個研究生講師來負責處理分數）。

儘管合格高中畢業生人數已經增加，但掌握通向商業、文化和政府部門裡最高薪、最有影響力職務入門鑰匙的少數幾所大學，每年打造的鑰匙數量並沒有增加。以線上授課來補足象牙塔，讓這些鑰匙的大量生產成為可能。而且，線上學習因為具有彈性，也增加在職教育在教育意義和獲利方面的潛在可能。任何頭腦清楚的人，都不至於設計一個產品，只限賣給給十八到二十二歲的人，卻不賣給年紀更大、想付費「體驗」並讓自己的技能跟上時代的人們。終身學習這個經常性收入的模式，提供大學龐大的機會，可以借鏡民間企業（如 Amazon Prime、Netflix）來開發更優越的商業模式。科技創造規模，而規模則增加取得管道（社會的善）和營收（必要的燃料）。

誘餌

規模同時也是個誘餌。它會引誘叢林裡最大的掠食者——大型科技公司，來到一個他們多半未曾留意的產業。大型科技公司每年需要找出幾十億美元的第一線營收成長，而與教育機構建立夥伴關係正是明顯的擴張方向。由於菁英名校具有品牌力量，可吸引科技龍頭投資必要的智慧資本的技術基礎設施，大學富者與貧者之間的鴻溝也將加速擴大。

教育的新創者將吸引廉價的資本，並掌握由疫情加速和擴展的契機。Covid-19 對美國高等教育的衝擊，就等同於 SARS 當初對亞洲電子商務的衝擊（阿里巴巴成功打入消費者的空間）。

有些天真的想法會以為，MOOCs 或是獨立的教育新創公司會成為大贏家（網路搜尋 MasterClass 的要比「商學院」還多）。但它們不會。為什麼長期而言 MasterClass 不會成為破壞性創新者？因為 MasterClass 遜。年輕人沒有從名人身上學習的價值，他們必須從老師身上學習，老師可提供他們成為名人所需的技能。

在每所大學裡，會有六到十二個「搖鈴人」，也就是物超所值的好老師。這些「搖鈴人」不受學校所在的地理位置或是學校品牌的限制，在未來十年間薪資將會成長三到十倍。具有成為產品經理的能力、排名前十名的大學行政主管，報酬也將會增加。傳統學校的大部分人薪資則會縮水。

僅次於亞馬遜進軍醫療領域之後，價值增長第二大的商業合作關係，將會是大型（或有些小的）科技公司與世界級大學的夥伴關係，它可以用50%的價格，提供傳統四年制大學80%的課程。這可是有史以來成長最快速的類比消費品牌（西南航空、Old Navy 等）的混搭版流氓步數。

麻省理工學院和 Google 一起設計出兩年制的 STEM（科學、技術、工程和數學）學程。校園的神話／魔法和地理位置不再是限制的因素——大部分課程很快都會是混合型，頂尖名牌的修課學生數將大幅增加。麻省理工／Google可以用一年兩萬五千美元的學費（價格優惠）讓十萬個學生入學上課，一個兩年制的學程將有五十億美元的獲利，獲利率相當於——麻省理工加上Google。博科尼大學／蘋果、卡內基美隆大學／亞馬遜、洛杉磯加大／Netflix、華盛頓大學／微軟……你應該可以理解這種概念。

大學也有首屈一指的全球性奢侈品牌，經過幾世紀的鍛造，它的豐厚利潤和稀有的假象，讓愛馬仕相形之下都嫌粗鄙，就算你本身沒有礦場（麻省理工學院），你也會想來賣鐵鎬或是牛仔布料的耐穿長褲給礦工。未來，大學將大幅增加科技的預算，同時在許多情況下會把課程外包（例如杜克大學的成人再教育）。SaaS（軟體即服務）的教學工具有大幅升級的大好機會，任何用過Blackboard的人應該都可以作證。

目前而言，疫情已經清理好了虛擬學習的競爭場地。儘管有人抱著樂觀態度，不過要安全的讓幾百人聚在擁擠的演講廳上課，為籃球校隊歡呼加油，或是在宿舍裡或社團地下室裡呼朋引伴，顯然會比預期的時間還久一點。在這段過渡期，大學生活的體驗和過去相比有如虛幻的影子，要配戴口罩、保持距離、外帶用餐、每日量體溫，還少了許多過去幾代學生都會體驗的傳統入學儀式和成年禮。

二十一世紀高等教育

當一切重啟，校園體驗有機會和虛擬體驗一較長短時，在疫情中成年的這一代，對於我這一代人所珍惜的毗鄰性會有不同的價值認定。等到病毒受到控制的時候，可能已經培養出一個先天會自動保持社交距離的微世代。即使疫情之後回復到親密的人際接觸，曾短暫消失的大學校園體驗將催生出美國家庭過去怯於提出的問題：這一切到底值不值得？經過一個月的在家上課，大部分學生可能迫切想回到校園。但經過一整年沒有「傳統式的」大學經驗後，許多人也會開始問自己到底錯過了些什麼，到底值不值得可惜。

不只如此，由於我們需要重新思考校園如何利用，以及把線上工具加入大學的工具箱，大學生活體驗這個概念也將被擴充。對許多學生而言，現在的大學生活和新生手冊上寫的已經完全是兩回事：有大約20%的大學生和父母同住，有超過半數學生不住學校宿舍，有27%的全職學生每週工作至少二十小時。在不久的將來，想避免校園人口過度密集的學校，可能改成輪替上課的行事曆（像是四到六週的課程安排，而不是一學期四個月的課表）。學校可以鼓勵甚至要求學生，有一年甚至更長的時間不必留在校園，或是投資衛星校園，例如紐約大學已經在杜拜和上海設立分校。

最後一點，我們不該忽視，即使是參與「傳統的」大學生活：在課堂聽講，分組討論，使用學生餐廳和宿舍——學生們之間也長期存在不平等和缺乏效率的問題。此時破壞性創新是對更廣泛社區提供服務的好機會。女性、有色人種、同志和跨性別學生過去為了在大學的平等地位而不得不奮戰，如今也仍需繼續奮戰。因此我們不會感到意外，女性說她們會選擇線上大學課程的比例比男性高出50％，黑人說他們對線上課程的品質有信心的比例也比白人高出50％。簡單來說，他們沒什麼好損失的，因為現況對他們已經有差別，因此高等教育的重新思考，他們會是受益最多的一群。

我的建議

應該做的事是：

▼美國需要一個與各州合作的馬歇爾計畫，以大幅增加州立學校的學生數，同時減少四年制大學與專科院校的成本。美國只有三分之一的人口具有大專學歷，不到10％

擁有碩士以上學歷。

▼對K－12的私立學校徵稅，以補足公立K－12學校經費。高等教育相當程度上已成了一個種姓制度，因為有錢人如今可透過私立教育體制的協助，進入最好的學校，貧窮的孩子除了少數稟賦特異者之外皆無法與之競爭。美國應該大量增加公立中小學階段的教育。

▼如果校方收到超過十億美元的捐贈，大一新生的入學人數沒有按照出生成長率的一．五倍增加，應該予以課稅。哈佛大學、麻省理工學院和耶魯大學總計得到的捐贈（大約達八五〇億美元），比許多拉丁美洲國家的國民生產毛額還要多。如果一個機構吸金的速度超過它所提供的價值，它就稱不上是非營利組織，而是私人企業。伊莉莎白．華倫參議員自己教書的地方——哈佛大學——就是最大的地下酒窖。

▼排名前十大的學校院長必須扮演階級叛徒，重新評估教員終身任職制度，僅限於真

正有需要的成員才適用，以保障學術的自由，而不讓這個制度像今天這樣成為成本昂貴又扼殺創新的聘雇制度。在短期內，教師薪資需要提高以吸引世界級的學術人才，但如此一來生產力將突飛猛進，因為學界人士將可找到他們的市場，而且更嚴格的審核標準，往往可以激發他們在面對競爭時更傑出的成果。

▼我們需要企業（例如蘋果）抓住幾十年來最大的商業機會，開辦免費的大學，運用它們的品牌和技術專業來創造文憑認證的課程（蘋果—藝術；Google—資訊科學；亞馬遜—經營）。它的商業模式是翻轉模式，對企業招聘人才收費（將成本由學生移轉到企業身上），以打破大學文憑認證的壟斷事業。蘋果公司的訓練、認證、測驗和評等方式會讓它們的畢業生成為競標的標的——這正是任何一所大學的祕方。我在二〇一七年第一次提出這個想法，而這場疫情危機裡露出的一絲曙光是，Google 在二〇二〇年八月宣布它們將提供執業認證的課程，Google 和其他參與的公司會將證書等同於與該領域的四年制大學文憑。

▼「空檔年」（gap year）將成為常態，而非例外。大學生活越來越不堪的一個祕密是，直昇機父母加上社群媒體，讓許多十八歲的孩子無法適應大學生活，所以決定延後一年再返回大學，九成有「空檔年」的學生比較可能完成學業，成績表現也比較好。

▼美國需要全國性的服務課程。我在第五章會有更多的討論，不過簡單來說，美國應該從組織冠狀病毒工作隊（Corona Corps）開始，並由此逐步擴展。全美各式各樣的服務課程，從軍訓到教育，對國家和對參與服務的人員來說，都可帶來非比尋常的投資回報。

經過一年「空檔年」之後，學生們變得……

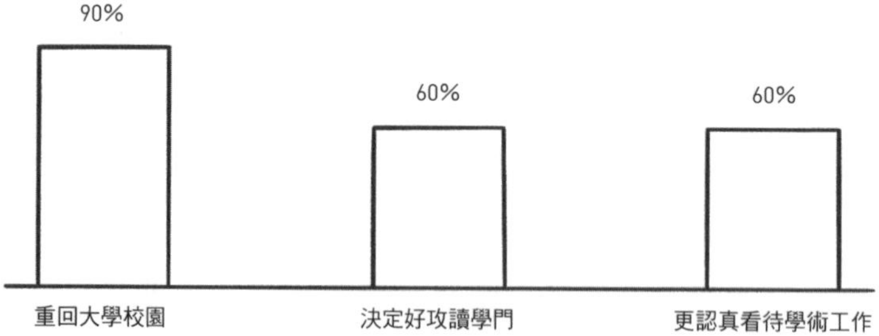

資料來源：Year Out Group Org.

▼我們對大學文憑有拜物崇拜，不過對許多人而言，它的費用高不可攀而且並無必要。兩年制社區大學的商業管理、行銷、或類似領域的文憑就足以讓學生擔當辦公室的許多職務。電腦程式設計、UX／UI、以及產品管理這些熱門領域會變得更熱門，General Assembly 和 Lambda School 所提供的認證密集課程，可供任何年齡的人在幾個月內準備好進入這些領域任職的捷徑。許多前端電腦工程師則可透過可汗學院（Khan Academy）、YouTube 和其他免費資源自學。

▼擴展認證課程的多樣性和效率，不只可以提供夕陽產業的工作者再訓練，同時也可幫助年輕人就位時尋求收穫豐碩的創業生涯。美國需要一個類似德國的全國性技職訓練體系。在德國，接受職業訓練的人口比例是美國的四倍。隨著經濟和勞動環境的變化，技職課程可以提供變化中的勞動力更多選項和目標。美國人預期壽命的降低主因是絕望致死（藥物、酒精、自殺），其中有許多是本可避免的，只要透過可負擔得起的、重點式的訓練，給予人們有尊嚴的工作的選項。

我們**不該做的**是哪一件事？我們不該提供免費的大學。這是民粹式的宣傳口號，也是糟糕的主意，它會進一步將窮人手上的財富轉移給富人。只有32％的美國人上大學，不管對哪個收入層級而言，成本都不是讓資賦優異的孩子無法上大學的理由。改善K－12教育，強化兩年制專科學院，增加最優秀大學的入學人數，大學自然會成為向上移動的引擎——無需因此放棄其他三分之二接受（理想的）高中教育就可以過得很好的人們。大學學費必須讓人更容易負擔，但是沒必要再提供教育補助給美國最富有的階層，這個階層88％的家庭會送他們的孩子上大學。

第五章 共富社會

二〇一九冠狀病毒疫情揭開一整個世代人的拙劣選擇，並加速這些選擇的後果。旋律依然不變：有錢人變得更有錢。少數人取走大部分人的耕耘收穫，這代價不只是經濟上的，也侵蝕美國穩定的基石——也就是中產階級。

過去四十年來，美國對私人企業，以及它靠著掏空政府機構、詆毀公務人員所創造的財富，懷抱著偶像式的崇拜。等到病毒一入侵美國，就發現這裡正是最適合散播的社會。相對於美國擁有的財富和力量，美國人處理這一代的挑戰表現是全世界最糟的。說實話，美國人原本就已經病了，「共病」四處充斥：政府機構被削弱，科學不被信任；個人主義成了最優先要緊的事，結果缺乏公民責任的自由，和對輕微不便利的拒絕忍受。我們願意為團體奉獻的力量，已到了欲振乏力的地步。

治療美國社會病症的處方，和對付疫情的處方沒有兩樣——那就是全面復興社區意識。美國人必須從收編政客的財團手中把政府奪回來，終結他們為保護自己財產所設的政商關係；要暫時放下對創新者的崇拜，瞪大眼睛檢視他們所推動的剝削利用。簡而言之，必須認真看待政府，將之視為可敬的、必要的、崇高的機構。如此一來，才能重新認真看待資本主義，把它當成具有活力、有時殘酷，但是具有生產力，可以改善生活的一套制度。

資本主義，共病，以及冠狀病毒

資本主義制度在提供經濟生產力方面無可匹敵。它利用我們天生自利的本性來製造誘因，導引出我們的創造力與紀律，進而將經濟報酬率最大化。它讓我們彼此競爭，好讓我們為彼此創造更多的選擇和機會。靠近我家的市場提供二十四種藍起司、五十種精釀啤酒和三百種各式各樣的酒。這是我手機上可選用的十倍。從我家當地的機場，可以到科羅拉多的山區，到巴黎的博物館，或是巴西的海邊，還趕得及星期一回家繼續工作。我父親在聖地牙哥可以用它口袋裡的手機和他在佛羅里達的孫子視訊聊天（雖然他沒這麼做），也可以用同一支手機隨便找出一部小說或一部電影，甚至可以找到防止掉髮的藥丸（可惜太遲了）。這就是美妙的人生，成功帶來的戰利品值得努力去奮鬥。努力工作又會加劇競爭，創造更多的戰利品，又引發更多的競爭，如此不斷下去。

可以參與這樣一個獎勵聰明與勤奮的制度，是全世界勤奮而有雄心壯志的人們的指路明燈。在大蕭條時期的蘇格蘭，我的父親被我祖父虐待，他從皇家海軍寄回來的錢則被我祖母拿去買威士忌和香菸，於是我父親冒著巨大風險來到美國。我母親也一樣冒險，把最年幼的兩個弟妹留在孤兒院（她的雙親在五十多歲亡故），自己買一張蒸氣輪船的船票，帶上小小行李箱和藏在兩隻襪子裡的一一〇英鎊到美國。為什麼？因為他們想要拚命努力，把努力的成果放上有史以來最偉大的平台——美國。他們接受美國人的標準模式（努力工作、勇於冒險、消費以及離婚），並提供他們的兒子機會去教導四千七百名年輕人，付幾千萬美元的稅金，並創造數以百計的工作機會（#我在吹牛）。

這是資本主義的訣竅。透過導引我們的雄心和精力做出有生產力的勞動，它把我們的利己主義轉化成財富與利害關係人的價值。到頭來，它創造的財富成了有生產力的利他精神的戰利品。在坐飛機時，我們被告知在協助其他人戴氧氣罩之前，要先把自己的戴好。這正說明資本主義——先拿到你的資本，再讓自己有立場可以幫助別人——是最終也會讓其他人受益的利己主義。

資本主義運用的是人類的一項超能力：合作。哈拉瑞（Yuval Noah Hariri）在《人類大歷史》（*Sapiens*）一書中解釋，智人不同於其他也能合作的生物（蜂、猿、狼），可以「用極為彈性的方式與無數陌生人」**大規模**進行合作，「也因此智人得以統治世界」。雖然我們可能出於利己的動機，不過資本主義豐厚的戰利品是來自於跨越時空的數萬人、甚至數百萬人經過協調的努力。在早期的資本主義社會裡，機器和工廠一開始讓數十人、之後是數百人結合成一股團結的力量。財富以人類史上未曾聽聞的速度被加速創造出來。

今天，我們有了企業。企業不同於工廠，它不具實相，僅存在我們的腦子裡和一間德拉瓦州的法院裡[28]。但是它有著非比尋常的力量，它結合幾千人的體能勞動，再加上他們在組織上的技能、洞見和想法。當人們開始協調合作，總體力量將遠超乎部分的總和。資本主義論的美國企業，是史上最有生產力的經濟財富發動機。

聽起來很棒，但是……

一個以自私為出發點的制度有它的代價和風險。早從雷根時代，人們就不斷提醒，資本主義並不是一個能自我調節的制度。它不會讓人變得良善，而好人也不一定會有好報。哈里瑞教授修正了自己的觀察，他提到，合作雖然讓智人得以「統治世界」，但是我們的近親黑猩猩同樣也有合作的能力，卻不能形成巨大規模，只能被「鎖在動物園和研究實驗室裡」。

資本主義本身並不存在道德的指引，無節制的資本主義引發的問題隨處可見。有些屬於外部性：一個活動的代價（或利益）並非由行為者來承擔，汙染就是典型的外部效應。通用汽車純然出於本身追求獲利的自利原則，把自己製造的有毒廢棄物丟進工廠後面的河流。這讓汽車的價格變得比較便宜，但是卻給在下游生活和工作的人們帶來嚴重後果。我並不是要把通用汽車妖魔化，就算它不用最廉價的方式處理掉它的廢棄物，別的競爭對手也會做，好搶走通用汽車便宜汽車的生意。馬克思把它稱之為「強制競爭定律」（the coercive law of competition），即使是聖經裡仁慈的撒瑪利亞人也無從例外。

此外還有不平等的問題。雇主、土地所有者、有錢人、獨占事業的人都比他們的雇

28 譯注：這裡指的是德拉瓦州的衡平法院（Delaware Court of Chancery），專門處理商業事件的審理。

員或競爭對象占了更大的優勢。這是資本主義自然而必要的一個面向，它的基本預設就是勝利者獲得獎勵、失敗者要接受懲罰，但是這個預設如果被過度延伸的話，這些優勢將導致剝削、王朝爭霸、以及競爭者受壓迫。不平等本身並不是罪惡，持續性的不平等才是罪惡。

這個問題不需要憑空推想——它的證據已經根植在我們社會之中。兩百年前，美國打造了一個以黑奴勞動力為基礎的經濟，如今黑人家庭平均財富是白人家庭的十分之一。如前面所述，許多菁英大學名校——擁有前往更美好生活的通行證——來自收入在最上層1%的學生，比來自底層60%的學生還要多。有研究提出，決定美國人預期壽命最重要的一個指標，是他們出生住家的郵遞區號。

政府的角色

我們知道，在一個社會裡，這些行為的長期效應對我們全體都會帶來危害。河川的死亡會消滅漁業，摧毀農地，毒害我們的身體。社會階級的壁壘會阻礙每個世代最優秀、最聰明的人發揮最好的潛能，也讓我們無緣分享到他們的努力可能帶來的成果。於是我們合作（運用我們的超能力）對缺乏制約的市場做出反制：那就是政府。

政府的職責就是阻止通用汽車把有毒廢棄物倒進河川。事實上，藉由法律禁止隨意傾倒有毒廢棄物，我們**反倒提供**通用汽車處理廢棄物更明智的方法，因為我們幫忙排除了它的競爭者用更便宜的流程處理廢棄物而帶來威脅。我們鼓勵通用汽車，對如何重新設計流程以減少廢棄物做出批判性的思考，同時我們也鼓勵其他人去創辦廢棄物處理的公司，發展廢棄物減量和處理的新事業。同時我們也有了更乾淨、安全的用水，所有人都可以得到好處，包括通用汽車的消費者。

同樣的，我們透過政府來確保市場贏家不會操弄制度來圖利自己。我們監管獨占事業、或將它們拆分，好讓競爭得以蓬勃發展。我們對贏家課稅，以投資於共同的善（教育、交通、純理論研究工作），並捍衛共同的威脅（警察、消防、軍人、天然災害、疾病）。我們建構社會安全網，好讓企業萬一失敗時——制度裡必然的一部分——在裡頭工作的父母親仍有辦法養自己的小孩。

如今在科技界流行放任主義的說法，它們認為這種形式的規範和重新分配不符效率，交給它們的設計的裝置來處理，市場自然會自我調節。這種主張認為，如果人們珍惜乾淨的河流，他們就不會去買汙染河流的公司的車。不過，歷史和人性都告訴我們這行不通。在個別案例的基礎上，人們永遠會選擇比較便宜的選項，消費性商品會被故意設計得難以追究壞的行為者。沒有人想要看到孩子們在服裝工廠裡一天工作十八個小時，不過在H&M的門市部，十美元的T恤絕對是不容錯過的特價商品；沒人想死於飯店的大火，不過開了一整天的會之後，我們不會在住房登記前先查看消防灑水設備。

生而為人，我們不是很擅長**歸納原因**——把個別的行動連結到更廣泛的世界，或是做長期性的思考。當我們是消費者時，我們用的是快思考（fast thinking）。

因此我們需要政府讓我們可以慢思考，考慮長期影響，並加入道德與原則性的考量。在資本主義具生產力的能量，與政府為社會整體考量之間維持平衡，才是長遠繁榮的關鍵。

共病

二〇二〇年一月，這樣的平衡面臨突如其來、但完全可以預測的考驗。我們在這場考驗中的慘敗出乎意料，但同時也完全不難預測。就和病毒一樣，受疫情打擊最嚴重的是那些有合併症的受害者，這場疫情凸顯並且加速過去一個世代所犯下的各式錯誤。

在名之為減稅的政策下，政府為全體社會服務的經費被刪除了。疾病比戰爭奪走更多的生命——美國每年花費超過**三兆美元**治療罹患慢性疾病的人，然而在二〇一九年，美國疾病管制與預防中心的預算只勉強超過七十億美元，這比花在美軍身上四天的錢還要少。二〇二〇年一月，這個慘遭去勢的政府機構，原本應當保護美國人不受全球疫情的滋擾，卻開發不出一套冠狀病毒的準確測試。

全面棄守

以變態方式表現的美國例外論（exceptionalism），讓美國人拋棄國際合作和國際機構。當冠狀病毒在中國爆發，不管是世界衛生組織（ＷＨＯ）或美國疾病管制與預防中心（ＣＤＣ）都沒有足夠人員可以實地調查疫情的爆發，或是與中國當局進行協調。當防疫出現破口而蔓延到歐洲，美國關閉自己的邊界並找尋代罪羔羊，儘管當時病毒已經侵入美國國境，卻因缺乏檢測方法而毫無察覺。

以資本主義之名，美國容許最有錢的人們不需課稅就取回他們的資本，並且幫他們的獲利杜絕風險。當疫情撕裂美國經濟，美國政府傾注數千億的資金到大小企業的保險箱裡，它們很快就找到方法，**不要**把這些錢擺在那些因為病毒而沒工作、或生病的人們的餐桌上，而是放進股東階級的銀行戶頭裡。結果，驚人的失業潮、公司關門和經濟動盪，其真正的衝擊要幾年時間才會陸續浮現。在此同時，疫情中我們照理應不大聲宣揚的骯髒祕密，是上層的10%的人們正過著最美好的生活。光是靠持有股票，有錢階級就從這場疫情裡，趁著股市創下歷史新高而**賺進數兆美元**。市場反映出我們的看法，相信經過這場疫情之後，最大、最成功的公司（公開上市的公司）將繼續存活，鞏固市場，變得更加強大。

許多美國人以個人主義之名，拒絕聽從自我犧牲的呼籲，不管是取消群眾活動或關閉營業的嚴肅行動，或是連最瑣碎如戴口罩之類的要求都不願配合。口罩的被政治化，大概最能說明如今美國社區意識和愛國心敗壞的嚴重程度。數百萬美國人以愛國之名——這是源自為彼此犧牲的價值——拒絕戴口罩這個對個人微小不便的行為。美國人拒絕戴口罩，是因為這是來自政府的要求，美國人並不把政府當成是更好的本性的體現、或是未來的守護者，而是把政府當成妨礙個人慾望、一種壓迫的力量，只配被美國人嘲笑和當成消遣的材料。

多年以來，美國人建構出美國例外論的觀念，主張不需要運作有效的政府，不需要作出犧牲，不需要對美國共同體或未來作投資，不需要和其他國家共同合作，同時也可豁免於世界其他國家遭受的威脅。在二〇二〇年一月之前，美國人打造出這樣的美國社會，讓它成了疫情傳播和加速的完美所在——展現美國例外論的，不是一個強大而靈活的政府，而是美國人認定例外論就會讓人免疫的這種信念。

為何走到這地步？為何變得如此自大傲慢？

資本主義向上，社會主義向下＝裙帶政商關係

社會主義是資本主義合理的替代品，表面上它也有許多讓人喜愛的理由。社會主義是立基於利他主義和人道主義；它致力建構共同體，而非原子化的個人——這些都是高尚的目標。不過在生產力方面，特別是在時間的加乘效應上得做巨大的犧牲。資本主義則創造出大量掠奪來的戰利品，於是必須花更多力氣來取得認同和理解。

不過，這兩個制度最讓人詬病的部分相結合，就成了有毒的綜合體。過去四十年來，美國的情況正是如此。美國的向上之路是資本主義，如果你能在這個國家創造價值，你可以得到史上無可比擬的巨大戰利品；如果你無法創造價值，如果你生錯家庭，或者運氣不佳，恐怕會無依無靠，犯了錯就得付出沉重代價。這是「飢餓遊戲」式的經濟。

一旦達到了財富的最顛峰（或者，更常見情況是，你本來就出生在有錢家庭），情況就有所變化。雖然我們喜歡說個人的責任與自由，擁抱的卻是社會主義——這是身處頂端的向下之路。在我們的社會主義天堂裡不能容忍失敗，與其讓公司倒閉，政府寧可推出紓困計畫——這是資本主義重要而基本的特徵。但是，紓困是對後代的仇恨犯罪，把子孫們綁在繼之而來的債務上。

歷經一次又一次的危機，美國人辯解的說詞也有些更動。在九一一事件後的理由是國家安全；二〇〇八年，說是為了資本的流動性；到了二〇二〇年，則說為了保護弱勢。不過回應方式倒是一成不變：保護出資的股東，保護高階主管。把這些公司接上維生機器，好保住它的所有者和管理者不受傷害。透過舉債來償付，負擔則交由中產階級納稅人來承擔，最終，則是由子孫來承擔。不過，歷史已經告訴大家，幾乎每一次的紓困，不管是紓困對象是克萊斯勒汽車或是美國長期資本管理公司（Long-Term Capital Management），製造的只是更多的道德爭議，帶來更慘重的損失、以及花費更大規模的紓困。一九七九年，對克萊斯勒十五億美元的紓困金額，現在升級為一二五億美元的紓困案、破產、以及在二〇〇九年賣給飛雅特。美國聯邦儲備銀行在一九九八年介入長期資本管理公司的困局，讓華爾街的銀行更有信心採取風險更高的策略，在十年後引發更加深遠的後果。而且每一次，都告訴大家「這次會不一樣，這次是歷史性的……需要予以介入」，所以納稅人必須幫忙這些股東們紓困。

連續十一年的股市牛市也是歷史性的事件。這可說是獨一無二的事件，累積前所未有的財富到全美人口極微小一部分人手中。企業賺了錢從不用來未雨綢繆（總會有下雨的一天），或者付給員工好讓他們為自己的財富避險，或是投資有助經濟成長的資本方案。它們反倒是把這些錢用於分紅和股票的回購，放進高層主管和股東的口袋裡（從二〇一七年到二〇一九年，達美航空、美國航空、聯合航空和嘉年華遊輪的執行長，薪資報酬總額超過一億五千萬美元）。自二〇〇〇年以來，美國航空業總共宣布倒閉六十六次。儘管這個產業明顯脆弱不堪，六家最大航空公司的董事會和執行長把他們96%的自由現金流放在股票回購。如此一來，股價和管理高層的報酬提升了，它們的公司卻暴露在嚴重的風險中。

如今危機來了，人口中極小部分的有錢人開始尋求社會主義，他們伸手要求幫忙。他們的手應該縮回去摸摸他們自己該死的口袋。

失敗的優點

失敗，以及隨之帶來的後果，其實是制度裡必要的一部分。經濟失調和危機有它實際的代價，但是也帶來復興的機會。舊的關係斷裂了，資產被釋出了，改革迫在眉睫。就像森林大火摧毀了生命，但也帶來新生命——同樣的，經濟動盪創造出陽光和氧氣，讓創新得以蓬勃興起。一九一八年的流感疫情帶來重創，但隨之而來的是「咆哮的二〇年代」（the Roaring Twenties）。最強大的公司都是在慘淡的時刻開始起步。在疫情這類的破壞之後，薪資出現成長——條件是，破壞與創新的自然循環必須能正常運作。

我們習慣於誤解企業，把它所擁有的東西和它所雇用的人混為一談。企業只是一些抽象概念，它並不供吃供住，也不提供教育。一家公司倒閉的時候，冒風險拿錢支持它的人賠光他們的投資，但是公司員工的工作能力仍在，資產仍然可以使用，這個企業不管原本滿足的是哪一個經濟需求，這個需求仍然存在。

只要我們繼續讓老年人和年輕人願意帶著孩子到迪士尼的「銀河邊緣」，遊輪業和航空業就會繼續存在。就讓嘉年華遊輪和達美航空去申請破產，遊輪和飛機仍然會繼續上天下海，在美國運輸安全局（TSA）性騷擾爭議後[29]，檢驗關卡照樣會有循環換氣的鋼

29 譯注：這裡是指美國運輸安全局在二〇一〇年為了加強機場安檢，對旅客採取貼身搜查，包括對女性胸部和男性大腿內側的貼身檢查，引發民眾指控安檢人員涉及性騷擾的爭議。

過去疫情大流行後歐洲實質工資的反應

統計 12 個超過 10 萬人死亡的全球疫情

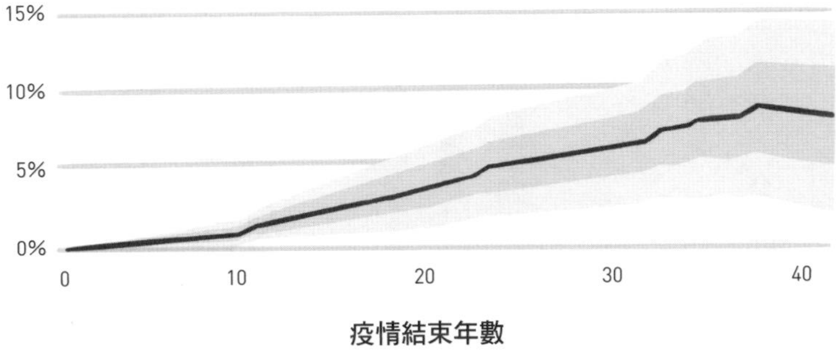

資料來源：加州戴維斯分校，〈疫情的長期經濟影響〉，2020 年 3 月

管等著你。

讓公司倒閉，讓股價跌到它們的市值水平，也可以給年輕世代跟我們——X世代和嬰兒潮世代——同樣的機會：讓他們用五十倍（而不是一百倍）的薪水去買亞馬遜股票，用一平方英尺三百美元（而不是一千五百美元）購買布魯克林的房子。正如皮凱提（Thomas Piketty）所指出，**在經濟動盪後高成長的復甦是實質薪資成長的復甦，至於緩和而穩定的成長多半有利於富裕階級。**

一旦政府介入扶持失敗者，你不難猜出誰會排在最前面伸手要錢：自然是那些最有政治勢力的人，即大企業和有錢人。這靠的不只是光靠它們的遊說團體、律師、以及媒體影響力，這些固然這些是很大的力量，更陰險的還有這招：裙帶政商關係。

我和達拉的晚餐

為何我說是「政商裙帶主義」？我會寫關於科技業高層主管的事，但我絕大部分時間拒絕和他們見面。一部分原因是我是內向的人，不喜歡和沒交情的人見面；但另一個原因是，接觸會帶來親密感，通常我和某人見面，我會喜歡上這個人，對他產生同理心，難以對他們的行為表達反對。在成功公司裡的資深人士多半非常聰明，從事有趣的工作，懂得許多專業的內幕消息，這些人能得到現有地位，部分原因也是他們的關係好、能與人為善。我相信，假如我越常和他們會面，我會喜歡上他們，也因此我不和他們見面。正如麥爾坎．葛拉威爾（Malcom Gladwell）說的，**沒有見過希特勒的人會說他正確**。即使是一個可怕的人，當你見到本人時也可能很容易被吸引。

不久之前，我受邀參加與 Uber 執行長達拉．霍斯勞沙希（Dara Khosrowshahi）的「親密」晚餐。他的公關團隊想找機會美化 Uber 每天對它四百萬「駕駛合夥人」的剝削利用。我回絕了。幾年前，我和達拉見過一次面，當時他在旅遊服務網站 Travelocity，而我則自己創辦一家公司並向它們做簡報，他給我的印象是很敏銳而且容易交朋友。我相信如果我去了這次的晚餐，我會更加喜歡他。我對達拉個人知道得越多，我會越喜歡他，我就越不會把 Uber 看成在市場殘酷律則下存有法律疑問的公司，而把它看成是達拉的公司，具備達拉的各種美好特質。

我希望政治人物採取類似的政策。民選領袖們打造公共政策時，很難不去考量到超級富有的極少數所關注的優先問題，因為這少數人擁有的管道太多了，而且我們最容易認同的，往往就是那些和我們最相似、而且共處時間最久的那群人。這是我們的部落本性。不過，這類管道就內建在制度裡面，而且影響所及遠超過和達拉共進晚餐這類安排的活動。民主黨參議員的平均財富是九十四萬六千美元，共和黨參議員是一百四十萬美元。所以他們能送孩子到昂貴的學校，他們在昂貴餐廳用餐，度假過的是菁英權貴的假期。他們身邊看到的全都是Uber的高層主管，而不是Uber的司機。自然而然，他們容易對Uber的高層往好處想，而不容易認真正視Uber司機的問題。

有關係就是會攀關係

美國聯邦政府對疫情的回應完全符合本性。在「保護最易受害者」的大帽子底下，把幾兆美元交到最有權勢的人手上。

二〇二〇年三月通過的兩兆美元紓困方案，根本是對後代子孫的竊盜行為。刺激方案與額外的失業補貼讓二〇二〇年第二季的個人所得比第一季還高出7.3%；個人存款率在四月創下歷史紀錄的33%，這是自一九六〇年代政府開始有紀錄以來的最高點。紓困方案包括九百億美元的減稅，造福的幾乎全是年收入超過一百萬美元的人們。你越富有，得利越多。在八月初，美國身價十億美元以上的富豪總共增加的財富達六三七〇億美元。這顯然和過去幾十年來的情況一樣，兩黨唯一立場一致的行動就是隨意花錢讓富人得到好處，然後撥一點基金給最需要的人以維護大眾觀感。

當然，不是每一塊錢預算都被浪費了，或許其中三分之一會送到需要的人手上。一些本地的餐廳可以付員工薪水，在疫情消退後重新開張；某飛機維修公司、品牌策略公司、某個鎖匠——他們沒辦法為疫情預作準備，在疫情過後或許有能力繳稅和提供服務。這些人的成功故事，會被拿來做紓困價值的證據。

問題是，大部分這些要交給子孫償還的錢，除了幫有錢人「拉平曲線」之外，幾乎毫無用處。有錢人坐收不成比例的好處，他們和銀行既有的關係讓他們可以排隊在最前面。不想可知政府一定不會公布拿到錢的是哪些人——除非，等到選舉後再說。

為了不讓市場倒閉風潮擴大，我們用從下一代偷來的錢，支撐起了股東階級。「我們一起共度難關。」他們如此告訴我們。這是屁話。事實上，醜陋的真相是：對有錢人而言，疫情意味的是通勤減少了、碳排減少了、陪家人時間變多了、而且更有錢了（參見前面：股市在歷史新高點）。

裙帶主義與不平等

這筆二・二兆美元變態的冠狀病毒紓困方案，不過是裙帶主義的一個病徵。體制性的缺陷讓我們的政府再也無法有效制衡資本主義裡的贏家。相反的，它成了他們穩固地位的共謀。

有錢階級過去幾十年來飛黃騰達，猶如爆炸的超新星。這類的研究如汗牛充棟，因為數據資料俯拾皆是。在極端部分，有一些叫人震撼的數據：在全美頂端0.1％的人擁有比底層80％的人更多的財富；全美最有錢的三個人，比底層50％的人總和的財富還多。在大方向上也有一些壞消息：自一九八三年以來，全美國中、低收入家庭的收入占比已經從39％減少至21％，而高收入家庭的財富占比則從60％增加到79％。

你可能會以為，有錢階級基於自保的理由，會對這種收入不平等的嚴重程度感到憂心。在某一個時刻，全球收入在底層50％的人們會明白，他們只需拿走八個最有錢家庭的財富，就可以讓自己的財富增倍，這八個家庭的財富比三十六億人的總和還多。在美國，底層25％的家庭（三一〇〇萬個家庭）的淨資產中位數是兩百美元。不久之前，一群抗議人士在貝佐斯曼哈頓的住家外樹立一架斷頭台，紀念他的財富突破兩千億美元。

這個趨勢只會越來越糟。在過去，美國人選出來的領袖會砍掉大樹的頂冠，好讓幼樹得到陽光；如今陽光越來越稀少。根據最近一個對過往退稅資料所做的研究，歸出的結論是，超級富有階級在五〇年代繳的稅率是70％、在八〇年代是47％、如今則是23％——這是比中產階級還要低的稅率。至於窮人和中產階級的稅率則基本上維持不變。

我們大量舉債，因此讓富人可以付較少的稅。金錢是工作與時間的轉換器，而我們做的決定讓我們的孩子在未來必須做更多的工作、擁有更少陪伴家人的時間，好讓今天富有的人

美國的總財富占比

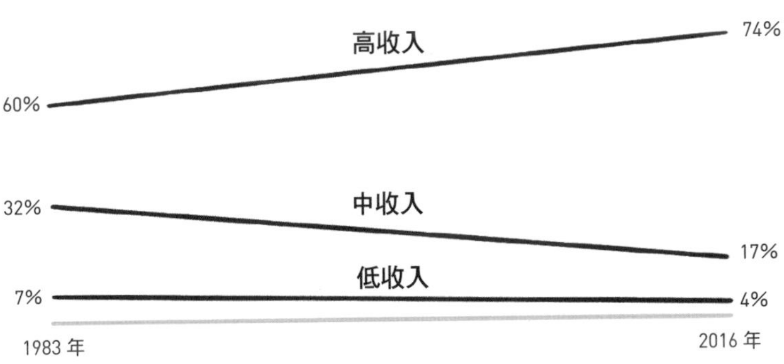

資料來源：皮尤研究中心，消費者財務調查分析

可以付較少的稅。

我的個人經驗可提供有錢人如何保住所得的案例研究。當我在二〇一七年把我最後一家公司L2賣掉，我實際付的稅率是17∼18%。我付了22.8%的聯邦稅，不過前一千萬美元是免稅的，它所根據的是稅法第一二〇二條。一二〇二條提供早期投資股東減稅，目的是鼓勵新創公司。不過實際上，這是把財富從其他納稅人手中移轉到創投資本家和公司創辦人。沒有創業家會因為這個稅法而創業、或不去創業。要開辦一家公司，需要一點特別的瘋狂氣質，加上許多的天分、努力和運氣，才能打造出一個可用幾百萬美元的價格賣出的公司。賣公司的決定也和稅法無關。給成功的公司減稅只會更

按收入百分比的總稅率（聯邦、州、地區）

1950年～2018年

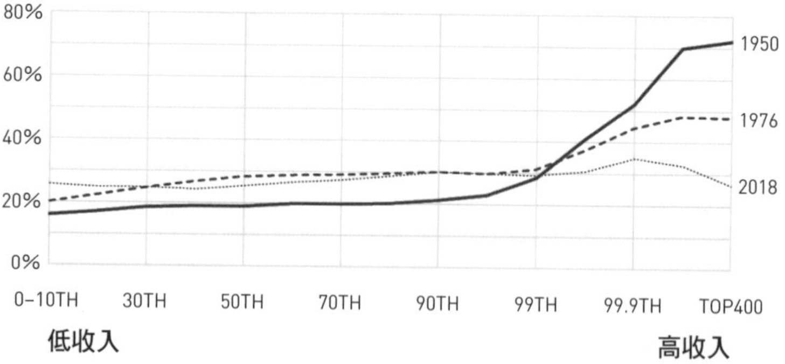

資料來源：加州柏克萊大學，Emmanuel Saez & Gabriel Zucman

加深不平等。

一旦進入超高速運行模式，這個優勢會讓你直衝九霄。你可以取得更多的資源和投資機會、更低的稅率，還有稅務專家、政商關係、會幫忙送你的子女進好學校的朋友、以及快速旋轉的飛輪。要成為億萬富翁，從來不曾像現在這般容易；想成為百萬富翁，大概也沒有比今天更難的。

經濟焦慮

無節制的資本主義的支持者，對於有錢人日益巨大的優勢視若無睹，他們相信水漲自然船高，經濟繁榮讓人人都受惠。他們自認心安理得，認為美國的勞工階級在近來的繁榮雖然未享到等量的成果，但是他們的生活無論如何還是比十年前、三十年前、或是一百年前更好。這種想法是對經濟安全的嚴重誤解。

二〇一八年，一．〇六億的美國人生活在兩倍聯邦貧窮線的底下，這聽起來並不好。對一個四口之家而言，貧窮線兩倍水平的家戶收入是落在五一五八三美元。自二〇〇〇年以來，這類人口增加的速度，是全體人口增加速度的兩倍。其中大部分人把他們三分之一以上的收入拿去繳房租，有三分之一的人沒有健康保險，儘管他們生病或殘障的比例要高出許多。許多人承擔著無力償還的債務，這可能讓他們因絕望而死，負債的人自殺比例比平均值高出八倍。你的信用評比每增加一百點，你在未來三個月死亡的風險就減少4.4%。在美國，沒錢就是要命。

經濟焦慮也是我童年的主旋律——如背景的靜電雜音。我家的生活始終艱苦，在我父母親離婚之後，經濟上的壓力變成經濟上的焦慮，啃嚙著我和我的母親，像不斷在我們耳邊輕語，說我們是一文不值的失敗者。在我父母離異時，我們的家庭月收入是八百美元。擔任祕書的母親聰明而勤奮，不久之後我們的月收入增加到九百美元，因為她連著被加薪兩次——這些錢成了我和她跟世界戰鬥的彈藥。在我九歲時，我告訴母親我不需要保母，因為我知道這樣一來，每星期可以省下額外的八美元做其他用途。另一個原因是，我的保母是個宗教怪胎，每次冰淇淋車經過時她都要給自己的小孩每人三毛錢，卻只給我一毛半。

我九歲那年冬天，因為我沒有合身的外套，於是我們去了趟西爾斯百貨（Sears）。外套訂價是三十三美元，我知道這幾乎是母親一天的工資。我們買了件超大尺寸的外套，因為母親估算這件外套可以讓我穿個兩、三年。她沒算到的是，外套會弄丟，她兒子總是丟三落四。

兩星期之後，我把外套忘在童子軍活動上，我跟母親保證下次活動一定會把外套找回來。結果沒有。於是，我們又到傑西潘尼百貨買一件，這回，我的母親說，這外套是我的耶誕禮物，因為買了外套之後就負擔不起買禮物的錢了。我不知道這究竟是實話，還是她想給我一次教訓，很可能二者都是。不管如何，我還是努力裝作很興奮提前拿到聖誕禮物。但……幾個星期後，外套又弄丟了。

那一天，我放學後在家裡等待母親回來，我體會到自己給經濟困頓的家庭帶來的打擊。沒錯，不過是件外套罷了，我才九歲。重點並不在於我的生活困苦——從任何合理的標準看來，我並沒有。重點在於，這不過**只是一件外套**，但是我對經濟焦慮的感受已經如此敏銳而準確，損失一件外套讓我感覺如此害怕。我永遠也忘不掉那一天我充滿恐懼和自責的感受。

「我把外套弄丟了。」我告訴母親：「沒關係，我用不著外套……我發誓。」我感覺快哭了，幾乎是在嚎叫。不過，接下來還有更糟的事，我的母親哭了，她整理好情緒後朝我走來，握拳對我的大腿打了好幾下。感覺她像是在董事會裡試圖說明自己的論點，我的大腿則是她用拳頭捶打的桌子。我不知道自己該覺得難過還是尷尬。接著她上樓回到自己房間，一個小時後才下樓來，從此我們再也不談論這件事。

我還是常掉東西：眼鏡、信用卡、飯店房間的鑰匙。我甚至不帶家裡的鑰匙，幹嘛自找麻煩？差別在於，現在掉這些東西只是一時的不方便而已，問題很快就能解決。財富可以消散這些小打擊——不管是弄丟的外套、忘記繳的電費帳單或洩氣的輪胎。然而，經濟的不安則將它們放大。經濟焦慮就像是高血壓，永遠都在那裡，等待小病痛引發可能致命的疾病。事實上，它還真的會讓人高血壓：生活在低收入家庭的孩子，比富裕家庭的孩子有更高的靜態血壓。

新種姓制度

多數人應該同意，有錢就有好日子過，沒錢日子就難熬。或許貧窮的鞭策，才能持續推動資本主義的雄心壯志。不過，美國或任何一個公正社會的基本承諾是，憑著努力和天分，任何人都可以向上提升，擺脫貧窮，躋身繁榮的境界。這個承諾如今已經被毀棄。

一個接一個的研究發現，今天在美國，個人經濟成就最主要的決定因素並非天分、也非勤奮，甚至還不是運氣。最主要的因素，是看你的爸媽有多少錢。出生在第九十收入百分位家庭的孩子，他們預期的家庭收入是第十收入百分位的孩子的三倍。美國的經濟流動性從一些衡量標準來看，要比歐洲和其他地區糟，甚至可以說非常糟。想實現美國夢？那你該搬去丹麥。

這不只是關於窮人和億萬富翁的故事，在每個層級的人們都越來越難向上移動。我在舊金山波崔羅山（Potrero Hill）買的第一棟房子是二十八萬美元，用一九九二年商學院畢業的起薪十萬來除，房價大約是平均年薪的二．八倍。如今的平均年薪是十四萬美元——這已經是一筆不小的錢；不過在舊金山灣區的平均住家房價現在是一百四十萬美元。於是，房價和年薪的比例已經從二．八倍升高到十倍——這還是對所謂的贏家而言，也就是認為自己即將加入菁英行列的人而言。也就是說，如今情況變得更困難了。

結果是，這個社會有著巨大的財富，卻沒有太多的進步。《美國獨立宣言》承諾國民享有「生命、自由和追求幸福」的權利，但是一份又一份的研究顯示，和歐洲的朋友們比起來，美國人活得更短命、更不自由、對幸福的追求也比較不成功。

私人迪士尼樂園

這些不平等根源於稅法、教育制度、以及令人皺眉的社福制度。這些問題如今已經深嵌在美國文化裡。

我小時候去迪士尼樂園，裡頭有高收入家庭的小孩、中收入小孩和低收入小孩。我最好的朋友是個後來上了史丹佛的摩門教徒，另一個來自有錢家庭的朋友則上了布朗大學，還有另一個朋友是來自內城、窮人家的黑人小孩，他努力靠著美式足球獎學金進入奧勒岡州的一所普通大學。我們遊玩的是同一座迪士尼樂園，我們都付了九．五美元買門票，我們都存下「E」票券並且排隊等了四十五分鐘玩加勒比海盜。我們的迪士尼體驗彼此相近。

現在的迪士尼告訴你：你們當中比較沒錢的，票價是一一九美元，你們吃的是普通的食物，而且要排隊；稍微有錢一點的人，你可以付一七〇美元，拿到一張所謂的「快速通行」（FastPass），你玩加勒比海盜不用等一個小時，而是等十分鐘；至於那些1%的人，可以擁有一趟VIP之旅，付五千美元，你和你的六個朋友會有一個專屬導遊，午餐是在貴賓包廂由造型卡通人物幫你上菜，還可以到後台參觀，而且你不只可以插隊，還可以走員工入口。

再談教育

好吧，迪士尼從來就不是共產主義的烏托邦，它是個自由企業，對吧？或許是，不過我會主張，讓有錢小孩在迪士尼排隊應該對他們發揮利他精神、感受同理心、以及應付煩人瑣事的能力有些正面效果。不過，要是迪士尼採用種姓制度你也覺得無所謂，那麼請再考慮一下這個問題：把上面那一段重新讀一遍，不過這次把每一個「迪士尼」都改成「大學」。道理一樣。高等教育理應是向上提升的理想階梯，可以解決資本主義的階級主義傾向，但是美國的高等教育已經從向上移動的潤滑劑，淪為如今一個強化種姓制度的工具。

加州大學改變我的生活環境，讓曾經為丟了外套哭泣的我，如今可以因為兒子丟了外套而笑（「你居然跟老爸一樣」）。我高中畢業時（3.2的GPA成績），加州大學洛杉磯分校的錄取率超過60%，不過我在第一輪申請時仍未過關，全靠一位入學申請的審查人員同情我所做的申辯。一時的施惠，加上加州納稅人的慷慨挹注，讓我有機會入學，也成為我成功的基礎。洛杉磯加大的畢業證書保障我在華爾街的工作，及日後得以進入柏克萊的商學院。我在加州大學洛杉磯分校遇到我的第一任妻子（我們仍是朋友），借助於她的收入，我得以共同創辦預言家（Prophet）和紅包袋（Red Envelope）兩家公司。我在柏克萊遇到我的合夥人，要不是他，這兩家公司不可能憑空從我的腦子裡冒出來。我在柏克萊大學的教授大衛·艾克（David Aaker）後來成了我的精神導師，他與「預言家」早期的聯繫為公司開啟大門，並獲致初期的成果。

與其他個別因素相較，我成功最大的祕訣是我取得進入大學的管道。我們所創辦的這些公司已經為投資人、員工和創辦人創造出二·五億美元的財富，這些公司雇用數百位員工。我的父母都沒有上大學，但是美國希望他們的孩子能上大學。不過，正如我在第四章談到，走出經濟焦慮的這條道路如今變得險峻而狹窄。在二〇一九年，加州大學洛杉磯分校的錄取率是12%；用另一個方式來說，這代表要踏進通往向上移動的通道，如今的困難度是三十年前的五倍。一個富裕的社會應該讓下一代的人向前邁進變得更容易，而不是變得更困難。少數的特權階級，可以一次又一次的玩著加勒比海盜，而廣大群眾則只能站在太陽底下，等待那也許永遠輪不到他的機會。

財富特權

我們對這困局的嚴重程度視若無睹，因為我們對功績制與美國的成功神話深信不疑。我們對億萬富翁奉若神明，把財富當成價值的指標——而且，它將獲得的回報是……更多的財富。

別期待有錢人來遏阻這個趨勢，因為我們都樂於被讚賞自己的成功是源於自身的天賦。根據我在七家消費品、媒體和科技業上市公司董事會任職的經驗，假如你對一個三、四十來歲，身穿黑色高領衫的人說他簡直是賈伯斯，他多半會相信你。

卡通

在卡通片裡，很有錢的人一般都是渾球。事實並非如此。我的經驗是，大多數的成功人士有一些共同點：膽識、運氣、天分、以及對風險的一點容忍度。當然，其中有些是有錢人家的孩子，不過一般而言，這些孩子可能是當中最勤奮的一群。他們會得到更多（經濟的和非經濟的）回報，因此他們有強烈動機去努力，但不可避免的是——如果你打算成為億萬富翁（而且沒有億萬身價的父母），你就得準備好未來三十年都要努力工作……別想太多其他的事。我不是鼓勵大家以爆肝為榮——能創造億萬富翁的工作，要求原本就是極端嚴苛。另外，我也發現大部分的超級富豪都是愛國、慷慨、真心關切全體社會的福祉。這很合情合理，因為要登上成功的巔峰，當然也需要許多人幫忙你推一把。

不過，有錢人可不會單方面繳械投降。這0.1%的人們跟其他任何人都一樣，會運用自己的技能和資源，確保自己的公司比其他公司更具優勢，自己的孩子也比其他孩子更具優勢，即使他們因此必須對外部性的成本（環境標準、濫用專賣壟斷、避稅逃稅、青少年憂鬱症）視而不見，我們都希望給自己的孩子最好的，我們的制度也讓我得以選擇花錢買更好的教育、買更好的文化發展、並提供更多機會給我們的下一代。絕大多數人關心我們社會的長期健康，不過我們優先想的還是自己。

把運氣和能力混為一談是危險的事。80／20法則（Pareto principle）主張，即使能力是均勻分布，80%的效應是由20%的變因所決定。隨著年紀漸長，我越來越驚訝於人生中運氣所扮演的成分——在正確的時間生在正確的地點——以及我把它誤當成是個人天分的程度。身為在九〇年代畢業謀職的白種男子，有著有史以來最好的套利的機會，如今五十四～七十歲的人，從他們在二十五～四十歲至今的三十年來，也就是他們職業生涯的精華，見證道瓊工業指數成長445%。至於對其他世代的人來說，頂多是成長了一倍。

這樣的成長代表更多的機會，但這是專門留給特定人口組成的機會（如上述：白種男性）。我在一九九〇年代的舊金山，年齡介於三十四歲和四十四歲之間，可為我自己的新創公司和倡議活動募集超過十億美元。但我不認識有任何一位女性、或有色人種，能在未滿四十之前募資超過一千萬美元。

而且，這似乎很正常，即使到今天，白種男性占了民選官員的65%，儘管他們只占總人口的31%。80%的創投資本家——即「創業經濟」的守門人——都是男性，且絕大多數是白人。這也無怪乎一些創辦人兼執行長，從比爾蓋茲和賈伯斯到貝佐斯和祖克柏，幾乎清一色是白種男人。

創投基金資本家的背景占比

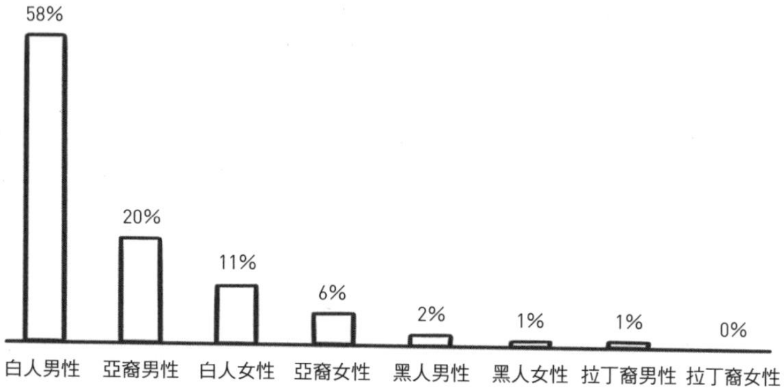

資料來源：Richard Kerby

關於用人唯才——或者說我們以為的用人唯才——難處在於，我們相信億萬富豪的成就實至名歸，我們應該把他們當偶像。我們對於創新者的崇拜，導致對於這些贏家在結構上的優勢和從中獲得的好運視而不見，而且讓我們誤以為，自己現在只欠幾分運氣，很快就能加入他們的行列。60％美國人相信經濟制度的不公平有利於有錢人，不過，卻如約翰．奧利佛（John Oliver）指出，我們容忍這個事實，因為：「我很清楚這個賽局被操縱了，如果我還能贏，這個果實將更加甜美。」然後對於退伍老兵為何在街頭便溺，或為何有18％的孩童家裡三餐不繼，顯得大惑不解。

在經濟上的差異越大，我們越容易相信人的一些先天基本條件是不同的。在收入不平等更嚴重的時代，利他主義的行為也會減少。富人在不平等的情況不那麼明顯時，會比較慷慨，在不平等現象趨於極端時就變得沒那麼大方。麥克·路易士（Michale Lewis）寫道：「這問題是由不公平本身所引發的：它對少數特權啟動化學反應，影響了他們的想法，讓他們除了自己外，不會去關心其他人，或是體會身為高貴公民所應具備的道德感。」特權讓他們自視高人一等。財務上成功的人開始會相信，拿時薪十四美元幫雜貨店送貨或是在地鐵站打掃的人命當如此。他們不像我們這麼聰明，不像我們這麼好，不像我們這般**有價值**。

更糟的是，那些環境不佳或時運不濟的人也清楚收到這個訊息。他們在經濟上的厄運是自己的錯，因為這裡是充滿機會的所在，任何人都可飛黃騰達，對吧？所以，沒辦法發達起來代表什麼意思？

當那0.1％的人被推上神壇，我們排擠掉了老師、社工人員、公車司機、從事農務的人們該得的尊敬。我們告訴他們，你們不值一提，你們是失敗者，你們遭遇任何經濟上的劣勢都是自己的錯，甚至是天生注定的。這不叫資本主義，這叫做種姓制度——而它的必然結果就是裙帶主義，它需要這些神話來強化那0.1%人們的權力。

正因如此，我們需要一個強有力的政府來對抗人類的天性，以慢速思考和社區意識來對抗快速思考和自私心態，我們不需把有錢人當成偶像以鼓勵人們努力成功，光是財富和成功就已經是足夠的動機。我們把億萬富翁妝扮成英雄，並不是因為他們需要更好的行銷，我們裝扮他們是在遮蔽真相——在創新持續出現、仍有人勤奮工作的同時，得到越來越多好處的不是創新者，而是落到資產擁有者的手上。

企業也是（有錢的）人

發生在個人層面的現象，同樣也發生在企業層面。在美國，把稅法推向有利於股東階級的同時，大企業則是收編原本理當限制它們權利的政府機構。

為什麼這事關重大？因為它扼殺創新和就業的成長。在卡特政府時代，每天新成立的公司幾乎是現今的兩倍數字。一千萬美元的免稅額度並沒有助長新公司的誕生，反倒是摧毀它們。在這個被「四巨頭」主宰的市場裡，早期創投基金的投資人對於資助那些落在寡頭大公司擋風玻璃上的小蟲子越來越興趣缺缺。

沒有實質競爭的威脅，有源源不絕廉價的資本供應，而且不論進入哪一個產業都有飛輪的力量取占優勢，這讓大企業不再有創新的動機。它們有個獲利更豐厚的辦法，那就是剝削他人。

各類產業種子募資數量

2010～2018 年

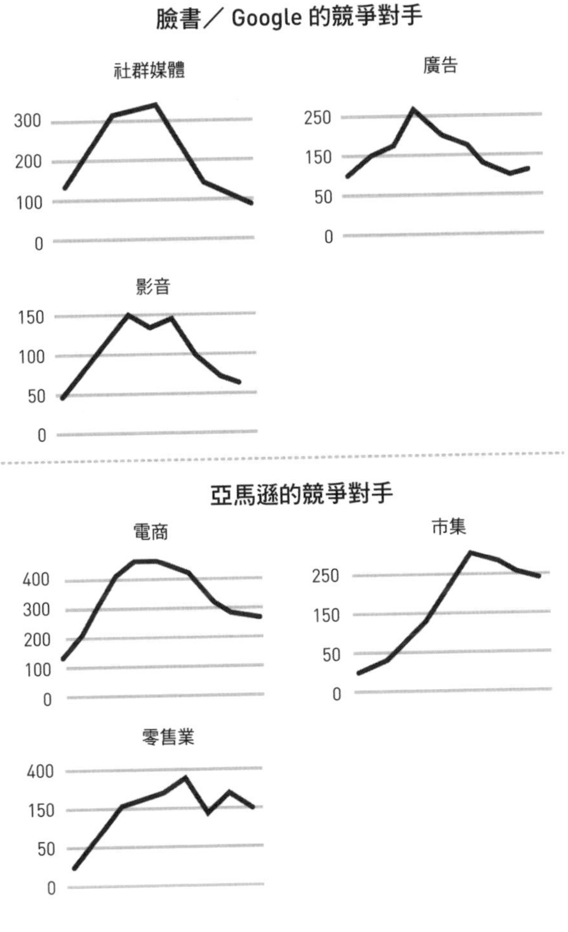

資料來源：Tom Tunguz Blog Analysis

剝削經濟

過去十年來，我們從創新經濟轉換成剝削經濟。創新具危險且難以預測，它會改變市場的動能，讓靈活的新進者有機會從市場既存者手中奪取市場的占有。堅壁清野的市場領頭羊對這一切毫不感興趣。當蘋果現有的思維方式就可以讓股東們在過去十二個月（到二〇二〇年八月為止）賺超過一兆美元，它怎可能還需要「不同凡想」（Think Different）？

在短時間內創造數千億美元股東價值的公司，是靠政府的無能和我們想跟上科技的本能來套利。一方面，為數越來越少的公司從社群、股票交易、搭車服務的 apps 取得億萬股東價值的同時，另一方面則是數百萬患憂鬱症的青少年、選戰的操控、以及工作尊嚴的喪失（沒有醫療保險、領取最低工資）。

強勢主導的公司剝削一切它能觸及的事物，首先就從它的員工開始。疫情揭露亞馬遜對待它們「重要」倉儲員工的態度。員工們站出來，發起請願，在內部申訴關於傳染冠狀病毒的風險和不安全的工作條件。亞馬遜的回應呢——開除組織抗議活動的物流中心員工。

Uber 構想出一個不用資產來經營大量資產密集的事業。它把購買和維修資產的責任推給駕駛合夥人頭上，並使出一切手段避免把他們歸類成員工，於是不需要提供醫療保險或支付最低工資。加州 AB5 法案（California Assembly Bill 5）把雇員身分分類延伸到零工經濟的工作者，因為，不為別的，因為他們也是員工。零工經濟產業做的回應是，在二〇二〇年十一月推出「加州二十二號提案」（Proposition 22）交付選民投票。正如你的預期，這個提案暫緩 AB5 法案，創造出一套新的、成本較低的分類方式。「反對二十二號提案」的陣營籌募到八十一萬一千美元，絕大部分來自於勞工團體：「支持二十二號提案」募款金額則是……一億一千萬美元。

Uber 的模式很聰明也很荒謬。想想看，如果聯合航空公司告訴它的機組人員說，你們想飛某天從紐約甘迺迪機場到洛杉磯國際機場的班次，你需要自己買飛機、加滿油、補充機上旅客的點心，之後才可以分潤收益。或許有人會主張，這就是所謂的連鎖加盟模式，不過大部分連鎖店付4～8%給母公司——Uber 則拿了20%。

如果有人懷疑 Uber 只讓司機領最低工資的商業模式會難以為繼，這個懷疑在八月也已經煙消雲散。這家公司當時宣布，如果要求把它的「駕駛合夥人」按照實際情況——也就是員工——來分類，它就必須把營業範圍限制於人口較密集的都會地區。

一些最大的公司，如今更努力要剝削的目標是另一頭肥羊——它們自己的用戶。根本沒有所謂免費社群網絡 app 這回事。相反的，這些公司更常使用演算法來操縱我們身而為人類的弱點，人類大部分的疾病和苦難多半是出於匱乏——缺鹽、缺糖、缺脂肪、缺乏認同、安全、以及擇偶的機會。於是，當我們發

貨運司機的福利

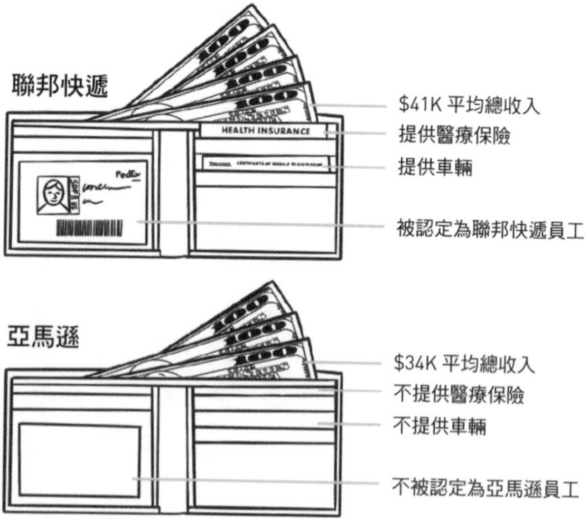

資料來源：Glassdoor

現這些東西，腦部會製造終極的獎勵——愉悅荷爾蒙多巴胺。這一切合情合理：大自然會獎勵能保障物種存活和繁衍的行為。

過剩

生產線、流程處理能力，再加上 Amazon Prime，這不只符合生存的最低門檻，甚至造成了過剩，帶來物種的新威脅：不管是糖尿病、收入不平等、假新聞，這些都是我們相信「多多益善」衍生的結果。

求生、繁衍和消費，應該讓我們的下一代更聰明、更快速、更強大，但如今導致一些事物脫序的原因，卻在於創新經濟移動的速度超出人類的本能。從歷史上來看，人類從事的活動都有自然停止的提示——樹上不再長蘋果了、桶子的啤酒喝完了、一個章節結束了、信用的終止。臉書、IG 以及 Netflix 這類的平台則是系統性的消除這些停止的提示——就像賭場一樣，刻意設計出不僵硬的轉角，創造出不斷延續的空間讓你在裡頭移動，繼續下一個賭注。Netflix 已經成了無止盡的節目表演，TikTok 是無止盡的影音播送。

科技進步接管我們本能校準的能力，讓我們手指在螢幕上無止盡的滑動，我們無力找出關閉它的開關。不同於我們的父母或祖父母，我們腦中多巴胺的釋放倚靠的不再是犧牲、投入或膽識，而是乖乖坐著，等著倒數四、三、二、一，《追殺夏娃》（*Killing Eve*）第五集就要開始了。這裡有更多篩選過的照片、更多A片、更多股權、更多利潤、更多的多巴胺……以及更多不受生活須關注事物所干擾的時間。

清除這些障礙還只是開始。下一步則是加入一些人造的激勵措施，即所謂的遊戲化。發現到這個特殊數位絕技的最新產業是線上的股票交易平台（OTPs）。在交易平台螢幕上無止盡的滑動是什麼樣子？你可以下載羅賓漢看看（請自負風險）：

- ▼灑碎紙花慶祝交易完成。
- ▼彩色「糖果傳奇」介面。
- ▼遊戲化：使用者可以每天點擊一萬次提升他們在「羅賓漢現金管理」（基本上是app裡一個高收益的支票帳戶）的等候名單排名。

調節機制的失衡，讓青少年憂鬱與社會混亂嚴重程度急遽惡化。我們如今坐上一架噴火式戰鬥機，每天不斷加速，期待在接近音障時機身還能挺得住——串流播放三十一季的《辛普森家庭》、仿真人的電玩、無所不在且越來越鹹溼的色情影片、你女兒未受邀的派對的即時高解析度紀錄片、以憤怒而非真實度為燃料的社群媒體演算法、獲取「賣權多頭價差」（bull put spread）的立即批准保證金。

我們在二〇二〇年六月看到這些操作需付的終極代價，即是伊利諾州納佩維爾（Naperville）一個名叫亞力士．柯恩斯（Alex Kearns）二十歲青年的自殺事件。亞力士對股票感興趣，開始在羅賓漢上交易股票。接下來，顯然受到羅賓漢易於使用的鼓勵，他開始交易選擇權。再接下來，他不明白這個特殊遊戲的複雜規則，誤以為自己慘賠了七十三萬美元，走投無路的情況下，了結了自己的生命。

羅賓漢的使用者偏年輕（二十五～三十四歲的訪客占32%）。在二〇二〇年第一季，這家公司的報告新增了三百萬個帳號，其中有一半是第一次加入的交易者。除此之外，在疫情最初的幾個月，賭城拉斯維加斯和運動博奕網站幾乎停擺的情況下，線上股市交易平台成了培養人們賭癮的新所在——在這個戒癮中心裡，贊助者是你的莊家。有多少張的一千兩百美元紓困振興支票被直接投進線上股市交易平台？

保護孩子們避免手機上癮的龐大壓力落在父母肩上，不但要限制（過度的）使用，還要學校裡其他父母也限制他們的孩子使用，以免讓孩子們覺得自己被排擠。這是很困難的，卻也是必須做的。或許全家人一起戒用電子裝置，可以讓我們的神經系統重新啟動，降低你的多巴胺需求門檻，讓自己可以從小小的愉快感中獲得滿足。

上癮的威脅也讓我們的家庭生活變緩慢。像是我的大兒子，行為表現明顯是對電子裝置上癮。這很可怕。他所做、所說的每件事，都是為了 iPad 給予的多巴胺刺激。他的母親和我做了多數家長會做的事——閱讀資訊、尋求外在協助、限制使用。

美國青少年使用社群媒體導致負面影響的主因

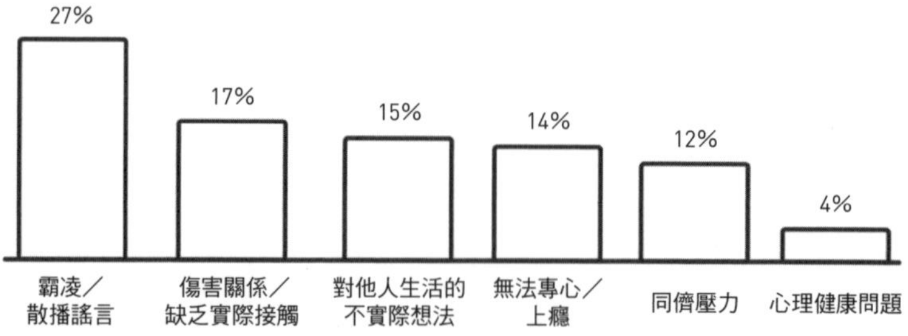

資料來源：皮尤研究中心，2018 年

不過最重要的是，我們努力讓所有事情變慢：多花時間陪他，特別是去戶外或是陪讀；多花時間在睡前說故事，告訴他爺爺如何成為英國海軍蛙人。一切事情都慢慢來，這似乎有點效果。

我從大兒子身上看到了亞力士・柯恩斯的影子。柯恩斯是笑臉迎人的書呆子，深深著迷於股市交易和多巴胺刺激。我無法想像他家人的痛苦。我無法想像，我們為何會迷失自我，只為了創新和金錢，忽略對我們更重要的孩子們。十年來，年輕人的自殺率增加56%；在二〇〇九年到二〇一五年之間，十至十四歲少女自殘的行為增加三倍；每天在社群媒體超過五小時的青少年，比起每天不到一小時的青少年有兩倍的機會出現憂鬱症狀。

所以說，提姆・庫克不讓他的姪子上社群媒體沒什麼好奇怪的。要不是他是提姆・庫克，說不定他還會說，連 iPad 我也不想讓他用？

認真看待政府

我從私募市場中獲益甚多，它讓我的樂觀精神可以自由發揮，也提供本地人才和許多好運，這些再加上勤奮工作，為我帶來專業經驗和經濟保障，這是我的父母輩所嚮往卻難以想像的事。在此同時，政府給予我更多，加州大學非常關鍵，我就讀的公立中小學也不可或缺。此外，法治制度給予公司保障，合約得以履行無慮。此外，我的這些公司也是建立在由政府資助的實體與數位基礎設施之上。

政府和私營企業一樣，可能有所不足，也可能不夠有效率。不過就像《菁英制度的陷阱》（*The Meritocracy Trap*）的作者、耶魯大學法律教授丹尼爾・馬柯維茲（Daniel Markovits）所指出，政府的**效率**也可能達到令人難以置信的地步。年收入達六萬美元的家庭一年要繳大約一萬美元的稅金。相對的，這個家庭得到馬路、公立學校、環境保護、國家安全、消防和警察——想像一下把這些組合成民營的服務，看看要付的成本是多少？這個家庭也許一年要付三千美元的有線電視、網路、行動電話費用給康卡斯特（Camcast Corporation）。有線電視很遜，美國的網路速度也比其他先進國家要差勁。換句話說，如果美國人共同努力，政府可以很有效率。

不過在我的人生裡，詆毀政府、否認它對整體社會的貢獻成了一種流行。一開始，在雷根的改革時代，政府是敵人，是必須戰勝的壓制力量。之後，美國人甚至開始不屑給予它可敬對手的應有尊重。一個實境電視明星在二〇一六年當上總統，可說是這個長期趨勢的最終完結，美國人把政府等同於娛樂產品，就像職業美式足球一樣，只不過它比較危險一點，而且一整年不休息。美國人選擇加入紅隊或藍隊，然後坐看自己隊伍把對方打到腦殘。

美國人對於政府的蔑視已經變成一套投資者關係的策略。二〇二〇年八月二十日，軟體公司帕蘭泰爾（Palantir）在它預計ＩＰＯ之前送給投資人一份財務文件。在裡面，這家公司提到它和政府合約商的密切關係將是個好機會，宣稱這是「政府機構系統性的失敗而無法為公眾提供的」。

「我們相信，其中許多機構的表現不佳和喪失存在的正當性，只會進一步加速它必須改變的腳步。」這家公司如此說……它的後台大老闆彼得．泰爾（Peter Thiel），也是臉書的大股東，而臉書讓政府機構「喪失存在的正當性」的功力恐怕無人能出其右。

想想看，只有大型科技公司才會傲慢至此，竟然向投資人保證它的最大客戶一定會多買它的東西，因為客戶太無能了。想想看，埃森哲[30]會不會跟投資人說，它看出它服務的需求將會增加，因為「美利堅公司」是個笨蛋。沒錯，聯邦政府的確沒有展現財政能力，在二〇二〇年，美國預算支出超過它收入的三分之一（支出四．八兆美元，收入則為三．七兆美元）。不過，按照帕蘭泰爾提供給投資人的文件，這家公司虧損五億八千萬美元，營收為七億四千三百萬美元，這表示它總共花掉十三．二億美元，這數額可是比它原本投入的錢還多了**三分之二**。

也許，帕蘭泰爾可以去請美國政府當顧問。

自己做，自己擔

美國人對政府的蔑視促使自己調整了財務的優先順序，也讓人民對政府效能的否定成了自我實現的預言。當美國不付給老師足夠的薪水，學校就受害，於是喪失了對公立學校的敬意；當美國不願支付政府科學家和研究人員足夠的錢（也不聽從我們所聘雇的人建議），於是最優秀、最聰明的人才只好跑去Google和亞馬遜。接著，當人民要求司法部和聯邦貿易委員會（FTC）對科技巨頭做出限制，想綁住他們手腳，但是人民的資源卻只是民營公司的九牛一毛。亞馬遜在美國華府的全職政治說客比現任聯邦參議員人數還要多。

檢測包

疫情趁機大肆作亂。美國是全世界有史以來最富有的國家，但是花了幾個月時間卻製作不出一個有效的冠狀病毒檢測包。政府科學家被冷落在一旁，政黨的對立淹沒理性。藍隊痛恨紅隊，因為他們不戴口罩，讓老人家們陷入險境；紅隊痛恨藍隊，因為他們侵犯自由，還為了某個對他們認識的人都不會有影響的理由，威脅到經濟發展。之後，當病毒已經一發不可收拾，美國人還拼湊出一個有問題的經濟紓困方案。紅色的州長和藍色的大學校董們，決定把政治和金錢置於國家健康之上，提早結束封鎖的措施。

30 譯注：埃森哲（Accenture）是全球最大的跨國諮詢管理公司。

建立於億萬富翁的善心上

如果美國人想要有更好的政府，就不該繼續把八年級生送到美式足球聯盟。美國人對於有錢人的偶像崇拜，讓大家認定要由「生意人」來「矯正」華府政壇，但是經營生意並不是服務公職，而且美國最傑出的幾任總統，毫不意外的，都是政治人物出身，其次則是軍職將領。在入主白宮之前主要經歷是在商場的總統（哈定、柯立芝、川普）則明顯都不大成功。

他們不成功的原因眾多。其中一個是，商業教導大家永遠要尋求利益，如果沒有得到更多回報就不要隨意付出。政府（以及政府提供的服務）恰恰相反，它的目的是貢獻給共同體而不求回報。

不該仰賴億萬富翁來解救我們。當你的房子失火，住在同一條街的有錢人帶來更好的水管把火勢撲滅，並不表示這條街上需要更多的有錢人。這是表示我們需要多撥點錢給消防隊。

慈善事業比較不可靠，也比較不負責任，在規模上也不盡理想。但是當疫情出現，我們看著比爾・蓋茲告訴我們怎麼做，因為佛西博士已經被無視了；我們等著提姆・庫克發口罩，伊隆・馬斯克提供我們呼吸器，傑夫・貝佐斯幫我們打疫苗，因為聯邦緊急事務管理署（FEMA）和疾病預防管制中心（CDC）做不到這些事。但是，把社會交給無需負責的億萬富翁的善意，並不是長期繁榮的解方。這等於是要哥倫比亞大毒梟埃斯克巴（Pablo Escobar）來負擔警方經費。

民主制度的怪招式

美國該如何強化真正能掌控的政府？

從川普政府，特別是它在疫情的表現，我們可以學到，在一個虛弱的政府裡，民選官員的權力比民眾所認知的還要大，而機構的力量則比民眾所知還要小。諷刺的是，民眾對於政治人物的不屑一顧，反而給了他們更多的權力，因為民眾讓他們原本具有長期制衡功能的機構空洞化。我們讓**他們**來控制**我們**。

社會集體運作時，並不太擅於計畫未來。我們對於減稅的期待，勝過為子女留下更乾淨的環境，因為減稅是現在馬上就減，子女的未來則是一、二十年後的事。我們本能上會選擇立即滿足。

民主制度的純粹形式是民粹主義（古希臘文的 dêmos 的意思是「普通公民」）。它的創新之處在於，政治機構會減緩民主的速度，透過立法、法院和政府機關予以篩檢過濾。媒體也同樣有其反制的效果，具有專業知識的人有機會說：「在禁止特定國家移民入境、把灰熊移除瀕危物種名單、在人口普查中增加一個公民身分的問題、或是限制人們取得節育手段之前，先讓我們對這些議題提出質問，而不是因為當下的當權者認為這是個好主意。」

投票

我們所能做到最重要的事，其實也是最

美國各年齡層選民投票率

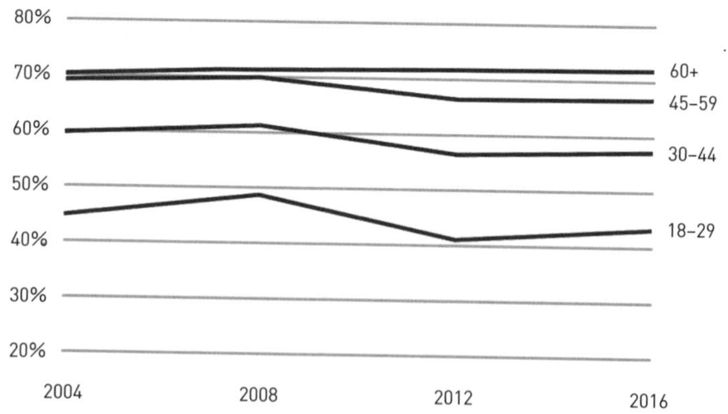

資料來源：United States Election Project

容易的事：去投票。非大選年的選舉也去投票，地方選舉也要去投票。因為民選的官員決定了現在的政府，同時他們反映的是投票選民的人口組成。重點不在於你投給了誰，重點在你是否投了票。這代表你值得政治人物為你花一些時間。你是否知道為什麼在制度裡，年輕人的財富會被轉移到年長者手上？因為老年人會去投票。年紀超過六十五歲的人會去投票的比例是三十歲以下選民的兩倍。民主就是數人頭，還真是一點不錯。政治人物甚至比較願意努力去爭取那些過去沒把票投給他的老年人，因為至少還有可能從他們之中得到一些票。知不知道政治人物最不在乎的是些什麼人？不去投票（或是沒有捐大筆政治獻金）的人。

我認為大家應該選出相信政府、理解民營企業權力過度集中、對科學心存敬意的民選官員。更多的選民將意味著民選官員對更廣泛的社區需求做出回應。

共有財的悲劇

政府的責任，可以說是要避免共有財的悲劇[31]。在二〇二〇年八月我寫作本書時，政府當下最迫切的責任是帶領美國走出這場疫情。我很懷疑，在本書付梓的時刻這項任務是否有所改變。在這場疫情裡，美國走錯的步伐和錯失的機會歷歷可數，不過，把工作當一回事的總統不該忙著怪罪別人，批判指責的工作應留給後世的歷史家來做。美國正面臨經濟的大災難，而且已經浪費三兆美元預算中的一大筆錢卻仍徒勞無功。

美國政府要保護人民，而不是保護公司。我會選擇追隨德國模式，按照他們的「短工制度」，在疫情期間老闆讓員工停薪休假，由政府來負擔三分之二的工資。工作者在形式上仍是受雇的狀態，因此一旦有工可做，他們很容易就可以回到原本崗位，不致出現在不安全環境下工作的壓力。實際上，等於政府告訴大家，不用擔心餓肚子，你可以保持安全距離，而且不致讓你的家人陷入風險，不必為了讓家人溫飽而做出危險的決定。如此一來可以避免製造恐懼。真正決定幸福感的並不是由你擁有什麼，而在於你沒了什麼。更準確來說，就是恐懼感不見了。你無須擔心無法供養家人，或是感染上可能會讓你破產的重病。

在其他歐洲國家也有類似的方案。在西班牙，一個工人告訴《紐約時報》，她感謝國家的幫助「讓我能夠放輕鬆待在家裡」。在愛爾蘭，一個籌畫活動的負責人向媒體表示，由於政府支付他的員工無法工作時的薪水，「說來奇怪，我現在並不覺得手頭特別緊縮」。他的一個員工甚至可以完成買房的交易，因為她名義上仍是受雇狀態而有資格繼續申請貸款。

如果你覺得這聽起來太花錢，請想想看美國飽受疫情所苦，但大部分歐洲和亞洲國家生活卻已大致恢復正常——至少聽說是如此，我們沒辦法親眼見證，因為歐盟國家還不敢讓美國人入境。

31　譯注：或譯「公有財的悲歌」，是個人利益與公共利益的資源分配衝突。由於每一個個體都追求擴大自身所使用的資源，資源消耗的代價終將轉嫁給所有使用資源的人。

每日每百萬人中 Covid-19 新增確診病例

2020 年 2 月 1 日～8 月 7 日，滾動 7 日平均值

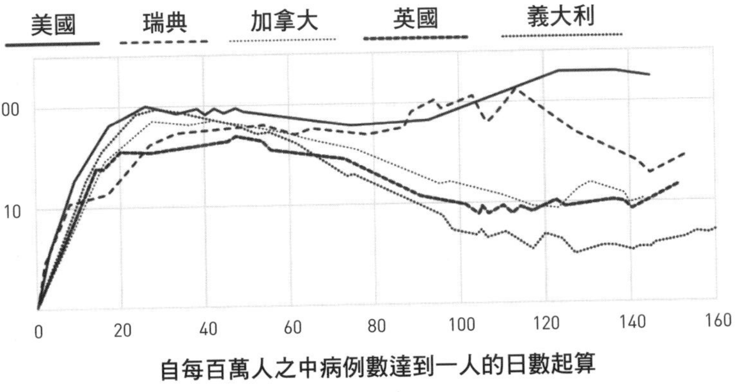

資料來源：Our World in Data，請注意：座標採用對數尺度

當你送錢給窮人和工人階級，在經濟上可以看到立即的相乘效果——因為他們會把錢用掉。他們購買食物，他們繳付房租，還會買新鞋和修理故障的冰箱。哪些公司可以在危機中存活，最好的仲裁者是消費者，而不是政府。如果你相信市場的力量，我們應該把錢交給消費者，而不是交到公司手裡。在疫情一開始時，美國政府發出的一千兩百美元的支票，只不過是嬰兒朝正確方向前進一小步，但美國早過了嬰兒學步的階段。

我想要講清楚的是：我談的並不是失業保險，雖然它也很重要。我們應該關心**無法工作**的人，在非預期的失業潮期間，提供援助是社會安全網中重要的部分，不過若只把援助限定在失業救濟，對雇主和受雇者都會造成不必要的傷害。對大多數人而言，失業代表的是喪失醫療保險，這牽涉到複雜的行政作業，正如我們所見，這個體系在高度需求之下崩潰。我們的目標，是創造在疫後經濟下仍可持續存在的工作機會。

在經濟上對疫情做出的回應，重點應該放在保護那些陷入風險的人們。在合理情況下，盡一切努力保障他們在疫情結束時能有工作。不過，應該由下往上，從人出發，而不是由上而下，著眼於股東。股東這時候應該會賠錢，這是資本主義的運作邏輯，但優先順序應該是這樣：保護人，而不是保護工作；保護工作，而不是保護企業；保護企業，而不是保護股東。列表結束。

號召冠狀病毒工作隊

我們要對抗的是病毒。封城令是核彈級的武器，保持社交距離與配戴口罩是防範敵人入侵的必要保護。流行病的最終結果若不是自然消失（但這次這麼做很可能會再有數百萬人死亡），就是要以積極的圍堵措施來擊敗它。南韓甚至已經發行了一本教戰手冊。

要「扳平曲線」而不致讓經濟陷入昏迷，已被驗證有效的公式很簡單：檢測、追蹤和隔離。換句話說，美國需要大規模的檢測，隨後迅速確認，並暫時隔離所有與感染者有接觸的人。像美國這麼大的國家，病毒蔓延又如此猖獗，所以需要一支部隊來幫忙。各方的估計或有落差，不過據估計，約需要十八萬人來追蹤病毒接觸者。幸運的是，美國已有支部隊在一旁等候。

剛畢業的高中生正面對令他們興趣缺缺的前途抉擇：該選擇現代史上最糟的就業市場，或是花五萬美元買一個名之為「大學在冠狀病毒疫情蔓延時」的串流影音平台？美國應該讓他們加入「冠狀病毒工作隊」的工作，這組織承襲的是從摩門傳教士、「為美國而教」（Teach for America）、和平工作團（the Peace Corps）等青年服務的悠久傳統，不過它要應付的是當前的危機。一支由十八～二十四歲青年組成的志願軍，接受訓練和裝備來對抗病毒，同時也可重新改造他們人生的方向。

工作隊的主要工作是追蹤接觸者：調查受感染的人，評估他的接觸者的性質，並向陷入風險的人伸出援手。工作隊也在全美各地設立檢測中心，並協助需要居家隔離的人，派送食物和提供情感上的支持。由政府來負擔冠狀病毒工作隊的成本，並支付隊員適當的工資，也許是一個月兩千五百美元。服務期間如果超過六個月，這些年輕人可以得到一筆支付學費或償還學貸債務的信用貸款。

參與服務的人可得到福利，並扮演對抗病毒的角色，除此之外，我相信國家還可以收割更大的紅利：這類的服務計畫可以化解政黨的黨派之爭。回想一下，在一九六五年到一九七五年之間，有超過三分之二的國會議員是曾經是為國效力的軍人，這層聯繫讓政治領袖們把國家置於黨派之上，在這段期間共同打造出重大的立法成就。如今，曾任軍職的國會議員不到20％。冠狀病毒工作隊，或是未來其他全國性的服務計畫，或許可以激發人民合作的超級能力。

在工作隊的服務並非毫無風險。不過我們把年輕人送到戰場第一線並不是因為他們對子彈免疫，而是總得有人要去，年輕人因 Covid-19 而死亡和留下嚴重後遺症的風險似乎比老年人低。工作團的成員會定期接受檢測，同時，即使感染了，他們也有很大的機會可以痊癒，甚至發展出抗體。

一支冠狀病毒工作隊花費的成本並不小：按照我的估算，如果十八萬個成員每人的酬勞、訓練、支援費用是六萬美元，那就是將近一一〇億美元——政府大概很容易就把這預算膨脹到兩倍。不過，比起目前為止振興方案和失業救助的預算，只算是零頭而已。我們可以把它想成是避免支付另一筆數兆美元救助方案的保證金。

除此之外，冠狀病毒工作隊也可成為永久性全國服務組織的核心。這是讓下一代美國成熟壯大的機會，讓彼此可以相互理解，並肩作戰，優先把自己當成美國人，而不只是民主黨員或共和黨員。我們需要年輕人為了國家，再次並肩站在一起。

龐大財富的罪犯

當然，處理當前危機只是政府承擔責任的開始。展望未來，政府政策有兩大優先要務：限制私營公司、特別是大型科技公司的權力，以及提供扶持個人的力量。

限制私營公司權力的第一步，是把它們從政府內部趕出去。理想狀態下，應該設法大幅減少私營企業投入選戰政治獻金的金額，但是最高法院的判例讓這一點不容易辦到。不過，至少能做到的是，對於明顯的貪汙罪行能用明確的法規予以法辦。必須嚴肅看待關於利益衝突的規定，一旦當選全國性的官員，個人資產就應該交付盲目信託。允許政客們利用他們獲得的資訊來買賣股票，會損害民眾對於政府機關的信任。一個對於一九九〇年代參議員股票交易的研究發現，他們一年獲利比市場平均高出12%——這是掌握企業內線消息人士的兩倍。二〇二〇年五月，參議員理查·柏爾（Richard Burr）取得關於冠狀病毒疫情嚴重程度的機密情報，顯然他也根據這項資訊調整買賣股票的時機。未來的參議員不該被容許從事這類的貪瀆行為。同樣的，美國民眾並沒有要求總統統參選人公布退稅資料，或依照憲法禁止總統利用職位圖利，實在是非常荒謬。

除了自己清理門戶之外，立法與行政府們還必須重新啟動反托拉斯法和監管限制，特別是針對大型科技公司。我在第二章探討過這個問題，這裡我只是想再次強調這些補救措施的力量。規範限制可能帶來自由。我認為通用汽車廠的經理**並不想**把汞倒進河裡，但是我們為什麼要單方面解除武裝？生意已經夠難做了，何苦每天考驗道德人性。有了環境法，會讓它們更容易做對的事。

同樣的，我們把反托拉斯（拆分公司）當成一個懲罰，但它並不是，它是氧氣的供輸。當初拆分 AT&T 後促生了七家公司，它們的總和超過原本公司的價值。根據一份分析報告，在一九八三年拆分前夕對 AT&T 所做的一項投資，它到一九九五年為止報酬的年成長率是18.5％，在同時期整體市場的成長率是10％。其中一家拆分出來的公司西南貝爾（Southwestern Bell）發展得如此成功，到了二〇〇五年甚至把 AT&T 再買了下來。我們這些沒機會在一九八三年購買 AT&T 拆分前股票的人，應該好好比較一下，這家公司從拆分前（按鍵撥號與呼叫等待）到拆分後（行動電話、消費者網路、以及在當時創歷史紀錄的最長牛市）這二十年間在創新方面的進展。

如果暫時不把執行反托拉斯法當成道德的宣判，而是去考慮它的好處，我們會看出大型科技公司在被拆分之後，許多原本存在的問題——不是全部——將可得到解決。如果把 Google 和 YouTube 拆分成個別的公司，並不會直接製造競爭，不過新分家的 YouTube 在第一次董事會裡，新領導團隊將必須做出決定，是否應進軍以文字為主的搜尋市場；在城市的另一邊，新的 Google 董事會可能也要決定是否進入以影音為基礎的搜索市場。

競爭提供了選擇。身為獨占事業，YouTube 幹嘛要改善兒童內容？反正也沒有競爭的影音平台能提供更好的護欄，但有了競爭之後，某人在某次董事會可能會明白，如果更努力保護它們的年輕觀眾，寶鹼公司有機會投更多廣告在它們的影音平台。同時，聯合利華（Unilever）比較樂意投廣告的搜尋引擎，應該是那種有人輸入「推翻政府」時，最先出現的搜尋結果是選民登記表，而不是教你製造骯髒炸彈的指南。

目前而言，大型科技公司只想著創造更多點擊、或讓人更加上癮的演算法，並沒有誘因讓它為全體社會做任何好事。因此，把這些公司拆分，不是因為它們邪惡，不是因為它們沒有繳稅，也不是因為它們摧毀就業機會，而是因為美國是資本主義者，我們相信競爭和創新的好處。這不是一種懲罰，而是遲遲未輸送給市場的氧氣，它將可以為股東釋放出數十億、甚至數兆美元的價值。

我們必須做什麼

這本書一開始，我使用一些關於戰爭的統計數字，是有關美國人做出犧牲奉獻的二次世界大戰，以及對抗自私行為與病原體的冠狀病毒戰爭。這次，美國似乎不只輸掉戰役，甚至輸掉更全面的戰爭。這個顯微鏡下的敵人充分利用美國社會的弱點，每天殺死一千個美國人──這是過去一些戰爭的好幾倍。某方面而言，美國已經動員起來，但是成效不彰。

美國同時間在多條戰線上作戰──在國內、在國外、科技上的、產業上的、還有農業的、政治的以及個人的。在二次世界大戰時，有三分之一的蔬菜是產於人們自家院子裡的「勝利菜園」，像第一夫人伊蓮娜．羅斯福（Eleanor Roosevelt）也在白宮草坪上開闢一個菜園。

儘管戰爭時期的龐大財政壓力，美國家庭被要求繼續舉債以及購買戰爭債券。整個汽車工業被重新改造，以製造轟炸機和裝甲坦克──有近三年時間沒有生產過一部新車。克萊斯勒在底特律郊區興建一座工廠，它製造的坦克超過德國第三帝國的坦克總數。

一整個世代的年輕人接受徵召入伍，四十五萬人死於諾曼第的灘頭和呂宋島的叢林裡。當然，還有特效藥的計畫：十二萬人投入「曼哈頓計畫」，尋找對付獨裁者的解方。不過在等待愛因斯坦和歐本海默來解救大家的同時，美國並沒有停止建造「勝利菜園」、建造坦克、以及持續做出犧牲。

以上所有政策並不是都會受歡迎，同時，每件事也都不容易。憤怒和絕望的人們偽造配給卡，逃避旅遊禁令，還有超過五千個美國人因為逃避徵兵令而入獄。政府投入大量人力來強制執行，同時也應提供鼓勵。從白宮到好萊塢，公眾人物宣揚愛國精神，並且打造共同的目標鼓勵大家犧牲奉獻。

美國在二次世界大戰中為國犧牲的愛國心並不是出於必然。接受領袖號召的同時，他們知道需要

人民去做什麼，以誠實的說詞向民眾開誠布公。在各領域的每個層面，都聽到共同奮鬥的聲音，而不是為了捍衛個人財產或是意義被扭曲的自由。

如今共同的目標何在？美國要對抗的，是比軸心國三倍致命的敵人，然而美國人卻不想戴口罩，只期待政府多發給他們一點錢。拒絕自我犧牲，否定同舟一命，還美其名為「自由」。

自由是美國建國的基本價值，不過它並不是一項個別的保證，也不能背離更大的善。美國《獨立宣言》的核心論點是：不僅生命權、自由權和追求幸福是不可剝奪的權利，而且「為保障這些權利，人們在彼此之間建立政府」。美國的建國先賢雖不完美，但是他們清楚看到如今被遺忘的東西。正如富蘭克林（Benjamin Franklin）在簽署革命文件時說的：「我們必須團結在一起，不然我們必然會分頭被消滅。」

美國本來不該走到這地步，而且也不是注定得繼續走這條路。事實上，好消息是，只要重新喚起民族精神，就可以戰勝疫情並從危機中找出轉機。重新覺醒後能掌握的機運無比巨大。

轉錯了彎之後倒退的一步，是往正確方向邁前的一步。

——馮內果（Kurt Vonnegut）

傳染病、戰爭、大蕭條——這些衝擊帶來苦痛，隨之而來的往往是人類史上最具生產力的時期。曾經觀察並忍受痛苦歷程的世代，往往能為戰鬥做最好的準備。新興的世代會如何承擔起後疫時代的重任？我們大可懷抱希望。

我們是否正培養出一個運用人類物種超能力——合作——的新世代？如果英國人、俄國人和美國人在八十年前能夠並肩對抗共同的敵人，難道不能再次團結起來，殲滅掉威脅全人類七十七億人口的敵人？

如果說國家有一半的人口少了政府援助就撐不過六十天，這一代的人們難道不能做出更有前瞻性的投資，省下未來高達數兆美元的緊急紓困方案？

這一代的人們難道不能激發出對他人更多的理解和尊重，對孤苦無依者更多的同理心，並且對身為一位國民有更多的體會？此外，最後一點，能否下定決心，對史上最大的、善的來源，也就是政府，重新投注心力？能，還是不能？

美國歷史上不乏危機和錯失的機會。它在歷史上犯的過錯與失敗，跟它的美德和成就不遑多讓。在最好的情況下，美國體現慨慷、膽識、創新、以及樂於為彼此和為後代犧牲的精神，一旦美國民眾忽視它們，便陷入剝削和危機之中。

所有人類的歷史，以及人類的未來，都是**我們的**。共富社會（commonwealth）並非憑空而來，而是經過一番塑造。我們選擇了現在這條路——沒有什麼趨勢是永久的，也沒有趨勢是不可能惡化、或不能加以修正的。

該問的並非是「我們國家是什麼樣子」，而是我們希望它是什麼樣子。

致謝

借助他人力量才能夠成就偉大，本書也是如此。

每次我完成一本書，我都發誓這會是最後一本。接下來我的經紀人吉姆．列文（Jim Levine）又會說服我寫下一本。他很懂得鼓勵人，他也是這本書的靈感來源。

傑森．史塔維斯（Jason Stavers）和瑪麗亞．佩卓娃（Maria Petrova）做的是費勁的工作，他們拿我的草稿、我的註記、以及我半夜三更的電子郵件，讓章節段落成形。傑森已經與我共事二十五年，他會填滿我寫到一半的句子……就如同他在本書一再做的。瑪麗亞用她的第四語言進行編輯，她的文字俐落程度讓我們身為以英語為母語的人相形見絀。

我的資料與創意小組激發我的想像，並讓它們變得易懂且討喜——沒有他們，我的知識性和娛樂性就至少要少了一半。泰勒．馬姆舍默（Taylor Malmsheimer）、米亞．西爾維里歐（Mia Silverio）、葛瑞芬．卡爾柏格（Griffin Carlborg）和詹姆士．史坦納（James

Steiner）從滿是砂礫的數據世界裡找出鑽石。哲林・程（Jerllin Cheng）、瑞德西卡・派特爾（Radhika Patel）、泰德・孟若（Ted Munro）和克里斯多福・岡薩雷斯（Christopher Gonzalez）把它們打磨、視覺化、方便記憶。凱薩琳・迪倫（Katherine Dillon）統合這一切，亞倫・邦吉（Aaron Bunge）設計封面。

最後還有艾德里安・扎克海姆（Adrian Zackheim）、妮基・帕帕多普洛斯（Niki Papadopoulos）以及他們在 Portfolio 的全體團隊，讓作品得以信守約定如期完成。

我要感謝所有人的優秀表現和慷慨付出。

注釋

導言

1 Falcon, Andrea. "Time for Aristotle," Notre Dame Philosophical Reviews, April 1, 2006. https://ndpr.nd.edu/news/time-for-aristotle/.

2 Parker, Kim, Juliana Menasce Horowitz, and Anna Brown, "About Half of Lower-Income Americans Report Household Job or Wage Loss Due to COVID 19." Pew Research Center, April 21, 2020. https://www.pewsocialtrends.org/2020/04/21/about-lower-income-americans-report-household-job wage-loss-19/.

3 Iacurci, Greg. "40% of Low-Income Americans Lost Their Jobs Due to the Pandemic," CNBC, May 14, 2020. https://www.cnbc.com/2020/05/14/40percent low-income-americans-lost-their-march-according fed.html.

4 Davis, Dominic-Madori. "Over 2 Million Gen Zers Have Moved Back In with Family in the Wake of the Coronavirus," Business Insider, August 1, 2020. https://www.businessinsider.com/gen-zers-moved-back-with-par ents-family-coronavirus-zillow-studoc-2020 7.

5 An account of rationing imposed during WWII and its effects on domestic life: Flamm, Bradley J. "Putting the Brakes on 'Non-Essential' Travel: 1940s Wartime Mobility, Prosperity, and the US Office of Defense." Journal of Transport History 27, no. 1 (2006): 71–92. https://www.re searchgate.net/publication/233547720_Putting_ the_ brakes_ on_% 27non-essential% 27_ travel_ 1940s_ wartime_ mobility_ prosperity_ and_

the_ US_ Office_ of_ Defense. See also this compelling essay about how the U.S. united in the war effort, including setting the speed limit to 35 miles per hour so as to preserve tires: Davis, Wade. "The Unraveling of America," Rolling Stone, August 6, 2020. https://www.rollingstone.com/ politics/ political-commentary/ covid american-era-wade-davis-1038206/.

6 Macias, Amanda. "America Has Spent $6.4 Trillion on Wars in the Middle East and Asia Since 2001, a New Study Says," CNBC, November 20, 2019. https://www.cnbc.com/ 2019/ 11/ 20/ us spent-6point4-onmiddle-east-wars-since-2001-study.html.

7 Koma, Wyatt et al. "Low-Income and Communities of Color at Higher Risk of Serious Illness if Infected with Coronavirus," KFF, May 7, 2020. https://www.kff.org/ coronavirus-covid 19/ issue-brief/ low-income-and-higher-serious-infected-with-coronavirus/.

第一章　冠狀病毒和汰弱留強

1 Lee, Justina and Valdana Hajric. "Why Robinhood Day Traders Are Greedy When Wall Street Is Fearful," Bloomberg Businessweek, June 11, 2020. https://www.bloomberg.com/ news/ articles/ 2020 11/ stock-market-investors-keep-buying-amid-recession.

2 Cain, Áine and Madeline Stone. "These 31 Retailers and Restaurant Companies Have Filed for Bankruptcy or Liquidation in 2020," Business Insider, August 25, 2020. https://www.businessinsider.com/ retailers-filed-bankruptcy-liquidation-closing-stores-2#california-pizza-kitchen-filed-for-after-permanently-undisclosed-restaurants-the-26.

3 Neufeld, Dorothy. "The Hardest Hit Companies of the COVID 19 Downturn: The 'BEACH' Stocks," Visual

Capitalist, March 25, 2020. https://www.visualcapitalist.com/ covid downturn-beach-stocks/.

4 Swisher, Kara and Scott Galloway, hosts. "Addressing the US economy (a note from Andrew Yang), data privacy in a public health emergency, and a listener question on the 'great WFH-experiment,' " Pivot (podcast), March 20, 2020.

5 "James Provisions: Brooklyn." jamesrestaurantny.com.

6 Olsen, Parmy. "Telemedicine, Once a Hard Sell, Can't Keep Up with Demand," Wall Street Journal, April 1, 2020. https://www.wsj.com/ arti cles/ telemedicine-hard-sell-cant-with-demand-11585734425.

7 Forman, Laura. "The Pandemic Has Made Sudden Heroes of the Tech Companies—for Now," Wall Street Journal, May 8, 2020. https://www.wsj.com/ articles/ the-pandemic-has-made-sudden-the-tech-companiesfor-now-11588930200.

8 Davis, Michelle F. and Jeff Green. "Three Hours Longer, the Pandemic Workday Has Obliterated Work-Life Balance: People Are Overworked, Stressed, and Eager to Get Back to the Office," Bloomberg, April 23, 2020. https://www.bloomberg.com/ news/ articles/ 2020 23/ working-from-covid-era-means-three-more-the-job? sref= AhQQoPzF.

9 Mims, Christopher. "The Work-from-Home Shift Shocked Companies—Now They're Learning Its Lessons," Wall Street Journal, July 25, 2020. https://www.wsj.com/ articles/ the-work-from-home-shift-shocked-companiesnow-theyre-learning-its-lessons-11595649628.

10 Mims, "The Work-from-Home Shift."

11 Ingraham, Christopher. "Nine Days on the Road. Average Commute Time Reached a New Record Last Year," Washington Post, October 7, 2019. https://www.washingtonpost.com/ business/ 2019/ 10/ 07/ nine-days-road-average-commute-time-reached-new-record-Last-year/.

12 Galloway, Scott. “WeWTF,” No Mercy / No Malice (blog), August 16, 2019. https://profgalloway.com/wewtf. See also Walsh, James D. “ ‘At What Point Does Malfeasance Become Fraud?’: NYU Biz-School Professor Scott Galloway on WeWork,” New York Magazine, October 1, 2019. https://nymag.com/intelligencer/ 2019/ 10/ marketing-expert-scott-galloway wework-and-adam-neumann.html.

13 “Coca Cola Commercial—I’d Like to Teach the World to Sing (In Perfect Harmony)—1971.” Uploaded December 29, 2008. Video, 00:59. https://youtu.be/ ib Q.

14 Perrin, Nicole. “Facebook-Google Duopoly Won’t Crack This Year,” eMarketer, November 4, 2019. https://www.emarketer.com/ content/ facebook-google-duopoly-won crack-this-year.

15 Gill, Zinnia. “Magna Forecasts V Shaped Recovery for the US Advertising Market,” MAGNA, March 26, 2020. https://magnaglobal.com/ magna-forecasts shaped-recovery-for-advertising-market/.

16 McArdie, Megan. “Don’t Just Look at Covid 19 Fatality Rates, Look at People Who Survive But Don’t Entirely Recover,” Washington Post, August 16, 2020. https://www.washingtonpost.com/ opinions/ dont-just-look atfatality-rates-people-who-survive--but-dont-entirely-recover/ 2020/ 08/ 14/ 3b3de170-de6a-11ea-8051-d5f887d73381_ story.html.

17 Chuck, Elizabeth and Chelsea Bailey. “Apple CEO Tim Cook Slams Facebook: Privacy ‘Is a Human Right, It’s a Civil Liberty.’ ” NBC News, March28, 2018. https://www.nbcnews.com/ tech/ tech-news/ apple-ceo-tim-cook-slams-facebook-privacy-human-right n860816.

18 Smith, Chris. “Making the $1,249 iPhone Xs Only Costs Apple $443,” New York Post, September 26, 2018. https://nypost.com/ 2018/ 09/ 26/ making-the-1249-iphone only-costs-apple-443/.

19 Lyons, Kim. “TikTok Says It Will Stop Accessing Clipboard Content on iOS Devices: A Beta Feature on iOS 14 Showed What the App Was Up To,” The Verge, June 26, 2020. https://www.theverge.com/ 2020/ 6/ 26/

21304228/ tiktok-security-iOS-clipboard-access-iOS14-beta-feature.

20 Galloway, Scott. "Four Weddings & a Funeral," No Mercy / No Malice (blog), June 12 2020. https://www.profgalloway.com/ four-weddings funeral.

21 Rodriguez, Salvador. "Why Facebook Generates Much More Money Per User Than Its Rivals," CNBC, November 1, 2019. https://www.cnbc.com/ 2019/ 11/ 01/ facebook-towers-over-in-the-critical-of–revenue-per-user.html.

22 Tran, Kevin. "LinkedIn Looks to Become Dominant Ad Force," Business Insider, September 7, 2017. https://www.businessinsider.com/ linkedin-looks become-force-9.

第二章　四巨頭

1 Li, Yun. "The Five Biggest Stocks Are Dwarfing the Rest of the Stock Market at an 'Unprecedented' Level," CNBC, January 13, 2020. https://www.cnbc.com/ 2020/ 01/ 13/ five-biggest-stocks-dwarfing-the-market unprecedented-level.html.

2 Bowman, Jeremy. "Jet.com May Be History, but Walmart Got What It Needed," Motley Fool, May 20, 2020. https://www.fool.com/ investing/ 2020/ 05/ 20/ jetcom-history-but-walmart-got-need.aspx; https://www.axiOS.com/ walmart-jet-com-6502ec3f-090c-4761-9620-944f99603719.html.

3 Dunne, Chris. "15 Amazon Statistics You Need to Know in 2020," Repricerexpress, last visited September 3, 2020. https://www.repricerex press.com/ amazon-statistics/.

4 O'Hara, Andrew. "Apple's Wearables Division Now Size of Fortune 140 Company," Apple Insider, last accessed September 3, 2020. https://appleinsider.com/ articles/ 20/ 04/ 30/ apples-wearables-division-

now-size fortune-140-company.

5 Galloway, Scott. "Stream On," No Mercy / No Malice (blog), November 22, 2019. https://www.profgalloway.com/ stream on.

6 Brush, Michael. "Opinion: Here's Why Netflix Stock, Now Below $500, Is Going to $1,000," MarketWatch, August 1, 2020. https://www.mar ketwatch.com/ story/ heres-why-netflix-stock-now-below-going1000-27/.

7 Knibbs, Kate. "Laughing at Quibi Is Way More Fun Than Watching Quibi," Wired, July 15, 2020. https://www.wired.com/ story/ quibi-schadenfreude/.

8 Goldberg, Lesley. "Inside Apple's Long, Bumpy Road to Hollywood." Hollywood Reporter, October 15, 2019. https://www.hollywoodreporter.com/ news/ apples-launch-inside-tech-giants-impending-arrival-hollywood-1247577.

9 Milan, Aiden. "How Much Did Each Game of Thrones Season Cost to Make?" Metro, May 21, 2019. https://metro.co.uk/ 2019/ 05/ 21/ much-game-thrones-season-cost-make-9622963/.

10 Solsman, Joan E. "HBO Max: Everything to Know About HBO's Bigger Streaming App," CNET, August 28, 2020. https://www.cnet.com/ news/ hbo-max-live-go-roku-amazon-firestick-streaming-app/.

11 Gomes, Lee. "Microsoft Will Pay $275 Million to Settle Lawsuit from Caldera," Wall Street Journal, January 11, 2000. https://www.wsj.com/ articles/ SB947543007415899052.

12 Mac, Ryan. "A Kenosha Militia Facebook Event Asking Attendees to Bring Weapons Was Reported 455 Times. Moderators Said It Didn't Violate Any Rules," BuzzFeed News, August 28, 2020. https://www.buzzfeednews.com/ article/ ryanmac/ kenosha-militia-facebook-reported-455-times-moderators.

13 Wong, Julia Carrie. "Praise for Alleged Kenosha Shooter Proliferates on Facebook Despite Supposed Ban,"

Guardian, August 27, 2020. https://www.theguardian.com/ technology/ 2020/ aug/ 27/ facebook-kenosha-shooter-support-ban.

14 Townsend, Mark. "Facebook Algorithm Found to 'Actively Promote' Holocaust Denial," Guardian, August 16, 2020. https://www.theguardian.com/ world/ 2020/ aug/ 16/ facebook-algorithm-found actively-promote-holocaust-denial.

15 Collins, Ben and Brandy Zadronzy. "QAnon Groups Hit by Facebook Crackdown," NBC News, August 19, 2020. https://www.nbcnews.com/ tech/ tech-news/ qanon-groups-hit-facebook-crack-down-n1237330.

16 Galloway, Scott and Aswath Damodaran. "Valuing Tech's Titans," Winners & Losers, July 27, 2017. Video series, 37:27. https://www.youtube.com/ watch? v= 4CLEuPfwVBo.

17 Weise, Karen. "Amazon Sells More, but Warns of Much Higher Costs Ahead," New York Times, April 30, 2020. https://www.nytimes.com/ 2020/ 04/ 30/ technology/ amazon-stock-earnings-report.html.

18 Bohn, Dieter. "Amazon Announces Halo, a Fitness Band and App That Scans Your Body and Voice," The Verge, August 27, 2020. https://www.theverge.com/ 2020/ 8/ 27/ 21402493/ amazon-halo-band-health-fitness-body-scan-tone-emotion-activity-sleep.

19 Murphy, Mike. "There Are Signs of Life for Apple Beyond the iPhone," Quartz, October 30, 2019. https://qz.com/ 1738780/ apples 2019-earnings-show-the-iphone-isnt-all-that-matters/.

20 Leswing, Kif. "Apple Is Laying the Groundwork for an iPhone Subscription," CNBC, October 30, 2019. https://www.cnbc.com/ 2019/ 10/ 30/ apple-lays-groundwork-for-apple-prime-subscription.html.

21 "Sources of Funds," California State University, 2019–20 Operating Budget, last accessed September 3, 2020. https://www2.calstate.edu/ csu-system/ about-the-csu/ budget/ 2019 operating-budget/ 20operating-budget-plan.

22 Hsu, Tiffany and Eleanor Lutz. “More Than 1,000 Companies Boycotted Facebook. Did It Work?” New York Times, August 1, 2020. https://www.nytimes.com/ 2020/ 08/ 01/ business/ media/ facebook-boycott. html? ac tion= click& module= Well& pgtype= Homepage& section= Business.
23 Stoller, Matt. “Absentee Ownership: How Amazon, Facebook, and Google Ruin Commerce Without Noticing,” “BIG,” July 28, 2020. https://matt stoller.substack.com/ p/ absentee-ownership-how-amazon-facebook.

第三章　其他破壞性創新者

1 U.S. Bureau of Labor Statistics. https://www.bls.gov/.
2 Adamczyk, Alicia. “Health Insurance Premiums Increased More Than Wages This Year,” CNBC, September 26, 2019. https://www.cnbc.com/ 2019/ 09/ 26/ health-insurance-premiums-increased-more-than-wages-this-year.html.
3 Lee, Aileen. “Welcome to the Unicorn Club: Learning from Billion-Dollar Startups,”TechCrunch, November 2, 2013. https://techcrunch.com/ 2013/ 11/ 02/ welcome the-unicorn-club/.
4 4. Teare, Gené. “Private Unicorn Board Now Above 600 Companies Valued at $2T,” Crunchbase, June 29, 2020. https://news.crunchbase.com/ news/ private-unicorn-board-now-above-600-companies-valued 2t/
5 Smith, Gerry and Mark Gurman. “Apple Plans Mega Bundle of Music, News, TV as Early as 2020,” Bloomberg, November 14, 2019. https://www.bloomberg.com/ news/ articles/ 2019 14/ apple-mulls-bundling-digital-subscriptions 2020? sref= AhQQoPzF.
6 Roof, Katie and Olivia Carville. “Airbnb Quarterly Revenue Drops 67%; IPO Still Planned,” Bloomberg,

August 12, 2020. https://www.bloom berg.com/ news/ articles/ 2020 12/ airbnb-revenue-insecond-quarter-ipo-planned-for-2020? sref= AhQQoPzF.

7 Witkowski, Wallace. "Lemonade IPO: 5 Things to Know About the Online Insurer," MarketWatch, July 2, 2020. https://www.marketwatch.com/ story/ lemonade-ipo know-about-the-online-insurer-01.

8 "Investor Relations," Peloton, last accessed September 3, 2020. https://investor.onepeloton.com/ investor-relations.

9 Watson, Amy. "Video Content Budget of Netflix Worldwide from 2013 to 2020," Statista, May 28, 2020. https://www.statista.com/ statistics/ 707302/ netflix-video-content-budget/.

10 Tiger King (TV series). Directed by Eric Goode and Rebecca Chaiklin, 2020. Netflix.

11 "Tesla's Recent Rally Comes from Its Narrative, Not the News or Fundamentals, Says NYU's Aswath Damodaran." Video. CNBC, July 9, 2020. https://www.cnbc.com/ video/ 2020/ 07/ 09/ teslas-recent-rally-comes-from-its-narrative-not-the-fundamentals-says-nyus-aswath-damodaran.html.

12 Isaac, Mike. Super Pumped: The Battle for Uber (New York: W. W. Norton & Company, 2019). An interesting and cinematic account of Kalanick's years at Uber and the transition to Khosrowshahi.

13 Chen, Brian X. and Taylor Lorenz. "We Tested Instagram Reels, the TikTok Clone. What a Dud," New York Times, August 14, 2020. https://www.nytimes.com/ 2020/ 08/ 12/ technology/ personaltech/ tested-facebook-reels-tiktok-clone-dud.html.

14 KPMG International. "Venture Capital Remains Resilient," PR Newswire, July 22, 2020. https://www.prnewswire.com/ news-releases/ ven ture-capital-remains-resilient, billion-backed-the-second-quarter-kpmg-private-enterprises-global-venture-pulse-q220-report-301097576.html.

第四章　高等教育

1 Kamal, Rabah, Daniel McDermott, and Cynthia Cox. "How Has US Spending on Healthcare Changed over Time?" Health System Tracker,December 20, 2019. https://www.healthsystemtracker.org/ chart-collection/ u-s-spending-healthcare-changed-time/#item-nhe-trends_ total-national-health-expenditures per-capita-1970-2018.

2 Galloway, Scott. "Getting the Easy Stuff Right," No Mercy / No Malice (blog), December 14, 2018. https://www.profgalloway.com/ getting-the-easy-stuff-right.

3 Galloway, Scott. "Gang of Four: Apple / Amazon / Facebook / Google (Scott Galloway, Founder of L2) | DLD16." Talk at DLD Conference, Munich, Germany, January 25, 2016. Video, 16:18. https://www.youtube.com/ watch? v= jfjg0kGQFBY.

4 Walsh, Brian. "The Dirty Secret of Elite College Admissions," Medium, December 12, 2018. https://gen.medium.com/ the-dirty-secret elite-college-admissions-d41077df670e.

5 Gage, John. "Harvard Newspaper Survey Finds 1% of Faculty Members Identify as Conservative," Washington Examiner, March 4, 2020. https://www.washingtonexaminer.com/ news/ harvard-newspaper-survey-finds faculty-members-conservative.

6 Carey, Kevin. "The 'Public' in Public College Could Be Endangered," New York Times, May 5, 2020. https://www.nytimes.com/ 2020/ 05/ 05/ upshot/ public-colleges-endangered-pandemic.html.

7 Miller, Ben et al. "Addressing the $1.5 Trillion in Federal Student Loan Debt." Center for American Progress, June 12, 2019. https://www.amer icanprogress.org/ issues/ education-postsecondary/ reports/ 2019/ 06/ 12/ 470893/ addressing trillion-federal-student-loan-debt/.

8 Fain, Paul. "Wealth's Influence on Enrollment and Completion," Inside Higher Ed, May 23, 2019. https:// www.insidehighered.com/ news/ 2019/ 05/ 23/ feds-release-broader-data-socioeconomic-status-and-college-enrollment-and-completion.

9 Aisch, Gregor et al. "Some Colleges Have More Students from the Top 1 Percent Than the Bottom 60. Find Yours," New York Times, January 18, 2017. https://www.nytimes.com/ interactive/ 2017/ 01/ 18/ upshot/ some-colleges-have-more-students-from-the-percent-than-the-bottom 60.html.

10 Leighton, Mara. "Yale's Most Popular Class Ever Is Available Free Online—and the Topic Is How to Be Happier in Your Daily Life," Business Insider, July 13, 2020. https://www.businessinsider.com/ coursera-yale-science wellbeing-free-course-review-overview.

11 Selingo, Jeffrey J. "Despite Strong Economy, Worrying Financial Signs for Higher Education," Washington Post, August 3, 2018. https://www.washingtonpost.com/ news/ grade-point/ wp/ 2018/ 08/ 03/ despite-strong-economy-worrying-financial-signs-for-higher-education/.

12 Christensen, Clayton M. and Michael B. Horn. "Innovation Imperative: Change Everything," New York Times, November 1, 2013. https://www.nytimes.com/ 2013/ 11/ 03/ education/ edlife/ online-educationtransformation.html.

13 Hess, Abigail. "Harvard Business School Professor: Half of American Colleges Will Be Bankrupt in 10 to 15 Years," CNBC, August 30, 2018. https://www.cnbc.com/ 2018/ 08/ 30/ hbs-prof-says-half colleges-will to-15-years.html.

14 Oneclass Blog. "75% of College Students Unhappy with Quality of eLearning During Covid 19," OneClass (blog), April 1, 2020. https://oneclass.com/ blog/ featured/ 177356-7525 college-students-unhappy-with-quality elearning-during-19.en.html.

15 "Looking Ahead to Fall 2020: How Covid 19 Continues to Influence the Choice of College-Going Students." Art and Science Group LLC, April 2020. https://www.artsci.com/ studentpoll-covid 2.

16 "The College Crisis Initiative." @Davidson College, last accessed September 3, 2020. https://collegecrisis.shinyapps.io/ dashboard/.

17 Lapp, Katie. "Update on Operational and Financial Planning," Harvard University, June 9, 2020. https://www.harvard.edu/ onoperational-and-financial-planning.

18 Carey, Kevin. "Risky Strategy by Many Private Colleges Leaves Them Exposed," New York Times, May 26, 2020. https://www.nytimes.com/ 2020/ 05/ 26/ upshot/ virus-colleges-risky-strategy.html.

19 Steinberg, Laurence. "Expecting Students to Play It Safe if Colleges Reopen Is a Fantasy," New York Times, June 15, 2020. https://www.ny times.com/ 2020/ 06/ 15/ opinion/ coronavirus-college-safe.html.

20 Field, Anne. "10 Great Places to Live and Learn," AARP.org. https://www.aarp.org/ retirement/ planning-for-retirement/ info-2016/ ten-ideal-college-towns-for-retirement-photo.html.

21 Zong, Jie and Jeanne Batalova. "International Students in the United States." Migration Policy Institute, May 9, 2018. https://www.migra tionpolicy.org/ article/ international-students-united-states-2017.

22 Whiteman, Doug. "These Chains Are Permanently Closing the Most Stores in 2020," MoneyWise, August 12, 2020. https://moneywise.com/ a/ chains-closing-the-most-stores 2020.

23 Thomas, Lauren. "25,000 Stores Are Predicted to Close in 2020, as the Coronavirus Pandemic Accelerates Industry Upheaval," CNBC, June 9, 2020. https://www.cnbc.com/ 2020/ 06/ 09/ coresight-predicts-record-25000-retail-stores-will-close 2020.html.

24 "Public Viewpoint: COVID 19 Work and Education Survey," STRADA: Center for Consumer Insights, July 29, 2020. https://www.stradaeducation.org/ wp content/ uploads/ 2020/ 07/ Report-2020.pdf.

25 Galloway, Scott. "Cash & Denting the Universe," No Mercy / No Malice (blog), May 5, 2017. https://www.profgalloway.com/ cash-denting-the-universe.

26 Bariso, Justin. "Google's Plan to Disrupt the College Degree Is Absolute Genius." Inc., August 24, 2020. https://www.inc.com/ justin-bariso/ google-career-certificates-plan-disrupt-college-degree-university-genius.html.

27 ridgeland, John M. and John J. DiIulio Jr. "Will America Embrace National Service?" Brookings Institution, October 2019. https://www.brookings.edu/ wp content/ uploads/ 2019/ 10/ National-Service_ 3.pdf.

28 Spees, Ann-Cathrin. "Could Germany's Vocational Education and Training System Be a Model for the U.S.?" World Education News + Reviews, June 12, 2018. https://wenr.wes.org/ 2018/ 06/ could-germanys-vocational-education-and-training-system model-for–u–s; anda great book on the subject by Matthew Crawford, Shop Class as Soulcraft: An Inquiry into the Value of Work (New York: Penguin Books, 2009).

第五章　共富社會

1 Harari, Yuval Noah. Sapiens: A Brief History of Humankind (New York: Harper Perennial, 2018), 25.

2 McIntosh, Kristen et al. "Examining the Black-White Wealth Gap." Brookings Institution, February 27, 2020. https://www.brookings.edu/ blog/ up front/ 2020/ 02/ 27/ examining-the-black-white-wealth-gap/.

3 Aisch, Gregor et al. "Some Colleges Have More Students From the Top 1 Percent Than the Bottom 60. Find Yours," New York Times, January 18, 2017. https://www.nytimes.com/ interactive/ 2017/ 01/ 18/ upshot/ some-colleges-have-more-students-from-the-percent-than-the-bottom 60.html.

4 Maciag, Mike. "Your ZIP Code Determines Your Life Expectancy, But Not in These 7 Places," Governing.com,

November 2018. https://www.governing.com/ topics/ health-human-services/ gov-neighborhood-life-expectancy.html; https://time.com/ 5608268/ zip-code-health/.

5 Kahneman, Daniel. Thinking, Fast and Slow (New York: Farrar, Straus and Giroux, 2011).

6 "About Chronic Diseases." Centers for Disease Control and Prevention, last accessed September 3, 2020. https://www.cdc.gov/ chronicdisease/ about/ costs/ index.htm.

7 "CDC—Budget Request Overview." Centers for Disease Control and Prevention. https://www.cdc.gov/ budget/ documents/ fy2020/ cdc-overview-factsheet.pdf.

8 Stein, Jeff. "Tax Change in Coronavirus Package Overwhelmingly Benefits Millionaires, Congressional Body Finds," Washington Post, April 14, 2020. https://www.washingtonpost.com/ business/ 2020/ 04/ 14/ coronavirus-law-congress-tax-change/.

9 Woods, Hiat. "How Billionaires Got $637 Billion Richer During the Coronavirus Pandemic," Business Insider, August 3, 2020. https://www.businessinsider.com/ billionaires-net-worth-increases-coronavirus-pandemic-7. See also Mims, Christopher. " 19 Is Dividing the American Worker," Wall Street Journal, August 22, 2020. https://www.wsj.com/ articles/ covid dividing-the-american-worker-11598068859. The author says we have a " 'K' shaped recovery . . . in which there are now two Americas: professionals who are largely back to work, with stock portfoliOS approaching new highs, and everyone else."

10 Kiel, Paul and Justin Elliott. "Trump Administration Discloses Some Recipients of $670 Billion Small Business Bailout," ProPublica, July 6, 2020. https://www.propublica.org/ article/ trump-administration-discloses-some-recipients 670-billion-small-business-bailout.

11 Ingraham, Christopher. "Wealth Concentration Returning to 'Levels Last Seen During the Roaring Twenties,' According to New Research," Washington Post, February 8, 2019. https://www.washingtonpost.com/ us

policy/ 2019/ 02/ 08/ wealth-concentration-returning-levels-Last-seen-during-roaring-twenties-according-new-research/.

12 "Changes in U.S. Family Finances from 2013 to 2016: Evidence from the Survey of Consumer Finances." Federal Reserve, September 2017. https://www.federalreserve.gov/ publications/ files/ scf17.pdf.

13 "Poverty Thresholds." U.S. Census Bureau, last accessed September 3, 2020. https://www.census.gov/ data/ tables/ time-series/ demo/ income-poverty/ historical-poverty-thresholds.html.

14 Langston, Abbie, "100 Million and Counting: A Portrait of Economic Insecurity in the United States," PolicyLink, December 2018. https://www.policylink.org/ resources-tools/ 100-million.

15 Richardson, Thomas, Peter Elliott, and Ronald Roberts. "The Relationship Between Personal Unsecured Debt and Mental and Physical Health: A Systematic Review and Meta-Analysis." Clinical Psychology Review 2, no. 8 (2013): 1148-62. https://pubmed.ncbi.nlm.nih.gov/ 24121465/.

16 Argys, Laura M., Andrew I. Friedson, and M. Melinda Pitts. "Killer Debt: The Impact of Debt on Mortality." Federal Reserve Bank of AtPostlanta, November 2016. https://www.frbatlanta.org/–/ media/ docu ments/ research/ publications/ wp/ 2016/ 14 killer-debt-the-on–mortality-10.pdf.

17 Evans, Gary W. et al. "Childhood Poverty and Blood Pressure Reactivity to and Recovery from an Acute Stressor in Late Adolescence: The Mediating Role of Family Conflict." Psychosomatic Medicine 75, no. 7 (2013): 691-700. https://www.ncbi.nlm.nih.gov/ pmc/ articles/ PMC3769521/.

18 Mitnik, Pablo A. "Economic Mobility in the United States." Pew Charitable Trusts, July 2015. https://www.pewtrusts.org/~/ media/ assets/ 2015/ 07/ fsm-irs-report_ artfinal.pdf.

19 Isaacs, Julia B. "International Comparisons of Economic Mobility." Pew Charitable Trusts. https://www.brookings.edu/ wp content/ uploads/ 2016/ 07/ 02_ economic_ mobility_ sawhill_ ch3.pdf. See also

Jones, Katie. "Ranked: The Social Mobility of 82 Countries." Visual Capitalist, February 7, 2020. https:/ / www.visualcapitalist.com/ ranked-the-social-mobility-of 82-countries/ .

20 Kiersz, Andy. "31 Countries Where the 'American Dream' Is More Attainable Than in the US," Business Insider, August 19, 2019. https:/ / www.businessinsider.com.au/ countries-where-intergenerational-mobility-american-dream-better-than-the 8.

21 "The World Fact Book." Central Intelligence Agency, last accessed September 3, 2020. https:/ / www.cia.gov/ library/ publications/ the-world-factbook/ rankorder/ 2102rank.html.

22 "Countries and Territories." Freedom House, last accessed September 3, 2020. https:/ / freedomhouse.org/ countries/ freedom-world/ scores? sort= desc& order=Total% 20Score% 20and% 20Status.

23 Helliwell, John F. et al. "Social Environments for World Happiness." World Happiness Report. Sustainable Development Solutions Network, March 20, 2020. https:/ / worldhappiness.report/ ed/ 2020/ social-environments-for-world-happiness/ .

24 Henderson, Nia-Malika. "White Men Are 31 Percent of the American Population. They Hold 65 Percent of All Elected Offices," Washington Post, October 8, 2014. https:/ / www.washingtonpost.com/ news/ the-fix/ wp/ 2014/ 10/ 08/ 65-percent all-american-elected-officials-are-white-men/ .

25 Horowitz, Juliana Menasce, Ruth Igielnik, and Rakesh Kochhar. "Most Americans Say There Is Too Much Economic Inequality in the U.S., but Fewer Than Half Call It a Top Priority." Pew Research Center, January 9, 2020. https:/ / www.pewsocialtrends.org/ 2020/ 01/ 09/ most-americans-say-too-much-economic-but-fewer-than-half-call top-priority/ .

26 Abad-Santos, Alex. "Watch John Oliver Completely Destroy the Idea That Hard Work Will Make You Rich." Vox, July 14, 2014. https:/ / www.vox.com/ 2014/ 7/ 14/ 5897797/ john-oliver-explains-wealth-gap.

27 “Food Insecurity,” Child Trends, September 28, 2018. https://www.childtrends.org/ indicators/ food-insecurity.

28 Lewis, Michael. “Extreme Wealth Is Bad for Everyone—Especially the Wealthy,” New Republic, November 12, 2014. https://newrepublic.com/ article/ 120092/ billionaires-book-review-money-cant-buy-happiness.

29 Buchanan, Leigh. “American Entrepreneurship Is Actually Vanishing. Here’s Why,” Inc., May 2015. https:// www.inc.com/ magazine/ 201505/ leigh-buchanan/ the-vanishing-startups decline.html.

30 Eidelson, Josh and Luke Kawa. “Firing of Amazon Strike Leader Draws State and City Scrutiny,” Bloomberg, March 30, 2020. https://www.bloomberg.com/ news/ articles/ 2020 30/ amazon-worker-who-led-strike-over-virus-says-company-fired-him.

31 Hepler, Lauren. “Uber, Lyft and Why California’s War Over Gig Work Is Just Beginning,” Cal Matters, August 13, 2020. https://calmatters.org/ economy/ 2020/ 08/ california-gig-work-ab5-prop 22/.

32 Feiner, Lauren. “Uber CEO Says Its Service Will Probably Shut Down Temporarily in California If It’s Forced to Classify Drivers As Employees,” CNBC, August 12, 2020. https://www.cnbc.com/ 2020/ 08/ 12/ uber-may-shut-down-temporarily california.html.

33 Ingram, David. “Designed to Distract: Stock App Robinhood Nudges Users to Take Risks,” NBC News, September 12, 2019. https://www.nbc news.com/ tech/ tech-news/ confetti-push-notifications-stock-app-robinhood-nudges-investors-toward-risk-n1053071. See also Shankar, Neil (@tallneil). “I just wanna live inside the world of these @Robin hoodApp illustrations.” Twitter post, May 18, 2020. https://twitter.com/ tallneil/ status/ 1262401096577961984. And last, Knipfer, Matthew Q. “Optimally Climbing the Robinhood Cash Management Waitlist,” Medium, November 5, 2019. https://medium.com/@MatthewQKnipfer/ optimally-climbing-the-robinhood-cash-management-waitlist-f94218764ea7.

34 Geiger, A. W. and Leslie Davis. “A Growing Number of American Teenagers—Particularly Girls—Are Facing Depression.” Pew Research Center, July 12, 2019. https://www.pewresearch.org/ fact-tank/ 2019/ 07/ 12/ a growing-american-teenagers-particularly-girls-are-facing-depression/.

35 Shrikanth, Siddarth. “ ‘Gamified’ Investing Leaves Millennials Playing with Fire.” Financial Times, May 6, 2020. https://www.ft.com/ content/ 9336fd0f-2bf4-4842-995d-0bcbab27d97a.

36 Abbott, Briana. “Youth Suicide Rate Increased 56% in Decade, CDC Says,” Wall Street Journal, October 17, 2019. https://www.wsj.com/ arti cles/ youth-suicide-rate-rises decade-cdc-says-11571284861.

37 Mercado, Melissa C. et al. “Trends in Emergency Department Visits for Nonfatal Self-Inflicted Injuries Among Youth Aged 10 to 24 Years in the United States, 2001-2015.” Journal of the American Medical Association 318, no. 19 (2017):1931–33. https://jamanetwork.com/ journals/ jama/ ful larticle/2664031.

38 Garcia-Navarro, Lulu. “The Risk of Teen Depression and Suicide Is Linked to Smartphone Use, Study Says,” NPR, December 17, 2017. https://www.npr.org/ 2017/ 12/ 17/ 571443683/ the-in-teens-and-depression.

39 Harris, Sam. “205: The Failure of Meritocracy: A Conversation with Daniel Markovits.” Making Sense (podcast), May 22, 2020, 00:58:58. https://samharris.org/ podcasts/ 205-failure-meritocracy/ (extended episode version available through site membership).

40 Griffith, Erin and Kate Conger. “Palantir, Tech’s Next Big I.P.O., Lost $580 Million in 2019,” New York Times, August 21, 2020. https://www.nytimes.com/ 2020/ 08/ 21/ technology/ palantir-ipo-580-million-loss.html.

41 “Federal Receipt and Outlay Summary.” Tax Policy Center. https://www.taxpolicycenter.org/ statistics/ federal-receipt-and-outlay-summary.

42 Galloway, Scott. "A Post-Corona World." Prof G Show (podcast), March 26, 2020, 00:51:49. https://podcasts.apple.com/ us/ podcast/ a–post-corona-world/ id1498802610? i= 1000469586627.

43 McKeever, Vicky. "Germany's Economic Response to the Coronavirus Crisis Is an Example for the World, Union Chief Says," CNBC, May 1, 2020. https://www.cnbc.com/ 2020/ 05/ 01/ coronavirus-germany-ilo-chief-says global-economic-example.html.

44 Goodman, Peter S., Patricia Cohen, and Rachel Chaundler. "European Workers Draw Paychecks. American Workers Scrounge for Food," New York Times, July 3, 2020. https://www.nytimes.com/ 2020/ 07/ 03/ busi ness/ economy/ europe jobless-coronavirus.html.

45 "Flattening the Curve on COVID 19," UNDP, April 16, 2020. http://www.undp.org/ content/ seoul_ policy_ center/ en/ home/ presscenter/ ar ticles/ 2019/ flattening-the-curve 19.html.

46 Divine, John. "Does Congress Have an Insider Trading Problem?" US News, August 6, 2020. https://money.usnews.com/ investing/ stock-market-news/ articles/ does-congress-insider-trading-problem. Bainbridge, Stephen. "Insider Trading Inside the Beltway"Post_(2010). https://www.researchgate.net/ publication/ 228231180_ Insider_ Trading_ Inside_ the_ Beltway.

47 "War Production," PBS, last accessed September 3, 2020. https://www.pbs.org/ thewar/ at_ home_ war_ production.htm. See also "The Auto Industry Goes to War," Teaching History. https://teachinghistory.org/ his tory-content/ ask historian/ 24088.

48 Davis, Wade. "The Unraveling of America," Rolling Stone, August 6, 2020. https://www.rollingstone.com/ politics/ political-commentary/ 19-end-of american-era-wade-davis-1038206/.

49 Flamm, Bradley. "Putting the Brakes on 'Non-Essential' Travel: 1940s Wartime Mobility, Prosperity, and the US Office of Defense." The Journal of Transport History 27. no. 1 (2006): 71–92. https://www.

research gate.net/ publication/ 233547720_ Putting_ the_ brakes_ on_% 27nones sential% 27_ travel_ 1940s_ wartime_ mobility_ prosperity_ and_ the_ US_ Office_ of_ Defense. "Draft Resistance and Evasion." Encylopedia.com, last accessed September 3, 2020. https://www.encyclopedia.com/ his tory/ encyclopedias-almanacs-transcripts-and-maps/ draft-resistance-and-evasion.

國家圖書館出版品預行編目 (CIP) 資料

疫後大未來 / 史考特.蓋洛威 (Scott Galloway) 著 ; 葉中仁譯.
-- 初版 . -- 臺北市 : 遠流出版事業股份有限公司 , 2021.06
面； 公分
譯自 : Post Corona : from crisis to opportunity
ISBN 978-957-32-9111-4(平裝)
1. 經濟發展 2. 企業精神
552.15 110006802

疫後大未來

誰是大贏家？
全球五十大最佳商學院教授蓋洛威
剖析全新商業環境下的挑戰及商機

作　　者：史考特・蓋洛威（Scott Galloway）
譯　　者：葉中仁
總監暨總編輯：林馨琴
責 任 編 輯：楊伊琳
封 面 設 計：陳文德
內 頁 排 版：邱方鈺
行 銷 企 畫：陳盈潔

發　行　人：王榮文
出 版 發 行：遠流出版事業股份有限公司
地址：104005 台北市中山北路一段 11 號 13 樓
客服電話：02-2571-0297
傳真：02-2571-0197
郵撥：0189456-1
著作權顧問：蕭雄淋律師

2021 年 6 月 1 日　初版一刷
2021 年 12 月 1 日　初版八刷
定價 新台幣 390 元　（如有缺頁或破損，請寄回更換）

ISBN：978-957-32-9111-4
遠流博識網：http://www.ylib.com/　E-mail：ylib@ylib.com